際的な処理方法にも触れながら，わかりやすく解説することに努めたものです。本書が所有者不明土地問題の解消の一助となれば幸いです。

令和3年10月

地方税制実務検討グループ

これで解決！
所有者不明土地の固定資産税実務
Q&A

地方税制実務検討グループ［編著］

ぎょうせい

はじめに

　現在，人口減少・高齢化の進展に伴う土地利用ニ
背景に，公簿情報等を調査しても所有者の所在把握
者不明土地」等が全国的に増加しています。所有者
究会がまとめた（一財）国土計画協会報告書によれ
点で，全国の所有者不明土地の面積は九州本島を上回
と推計されており，今後，巨額の経済的損失を招き，
等において重大な支障となりかねないといわれており
うに，「所有者不明土地」問題の解決は，我が国の行政
緊の課題となっています。

　このような中，令和2（2020）年度税制改正において
地方税法343条5項により，固定資産税に係る所有者不
制度が新設されました。

　この新しい制度は，地方税法施行令及び施行規則に規定
を尽くしても所有者の存在が一人も明らかとならない場合
用されるものですが，その具体的なガイドラインとして，
9月，「地方税法第343条第5項の規定の適用に係る留意事
て」（令和2年9月4日付け総税固第52号，各都道府県市町
当課長・東京都総務局市町村税担当課長・主税局固定資産税
長あて総務省自治税務局固定資産税課長通知）が発出されま

　所有者課税の例外である，この新たな「みなす所有者課税
度につきましては，市町村による探索による調査事務等が難
雑なものとなっております。

　そこで本書は，市町村の固定資産税担当者を対象として，総
ガイドラインに沿って，課税する際のポイントをさらに噛み砕

目　次

Ⅲ 資料編 ·· *79*

＜凡　例＞

◇引用する関係法令等は，令和3年10月1日現在とした。

◇本文の表記は，原則として常用漢字・現代かなづかいによるが，
　引用文の場合は，原文のままとした。

◇本文中における数字の表記については，原則として法令の条項の
　引用のときも，その他の場合も洋数字を用いた。

◇本文中の（　）内で根拠法を示す場合，次の原則に従った。
　①　法令名は原則として，後掲の法令名略語表に掲げた略称を用
　　い，略語表にないものは，正式名称で示した。
　②　条・項・号の表示は，条は洋数字，項は○つき洋数字，号は
　　ローマ数字で示した。
　　＜例＞地方税法348条2項1号　→（地税法348②Ⅰ）

◇かっこ内の法令名等の記述に当たり，次の法令等について略称を
　用いた。
　　　　　　地方税法　　　　　→　地税法
　　　　　　地方税法施行令　　→　地税令
　　　　　　地方税法施行規則　→　地税規

I　制度解説編

＜1＞ 所有者不明土地とは（税制改正の背景）

Q 令和2年度税制改正において，所有者不明土地等に対する固定資産税の課税の取扱いが変更されましたが，これにはどのような背景があるのでしょうか。

ポイント

所有者不明土地等が全国的に増加していることを背景に，所有者情報の円滑な把握や課税の公平性の確保の観点から，「現に所有している者の申告の制度化」及び「使用者を所有者とみなす制度の拡大」の措置が講じられました。

A 我が国では，人口減少・高齢化の進展に伴う土地利用ニーズの低下や地方から都市等への人口移動を背景とした土地の所有意識の希薄化等を背景に，登記簿などの公簿情報を参照しても所有者が直ちに判明しない，又は判明しても所有者に連絡がつかない，といった所有者の所在の把握の難しい土地，いわゆる「所有者不明土地」や空き家等（以下，「所有者不明土地等」という。）が全国的に増加している。これらの土地については，生活環境の悪化の原因やインフラ整備，防災上の重大な支障となる場合があるなど，その対応が喫緊の課題となっている。

このような課題に対し，平成30年6月6日には，所有者不明土地の公共的目的での円滑な利用を実現するための「所有者不明土地の利用の円滑化等に関する特別措置法」が成立した（同法は令和元年6月1日に全面施行）。また，「経済財政運営と改革の基本方針（骨太の方針）」や「所有者不明土地等対策の推進に関する基本方針」（令和元年6月14日所有者不明土地等対策の推進のための関係閣僚会議決定）を踏まえ，所有者情報の円滑な把握，所有者不明土地等の発生の予防，円滑な利活用推進の観点から，所有者不明土地等に

ついて，政府全体としての取組みが推進されているところである。

　固定資産税の課税においても，所有者不明土地等において所有者情報の円滑な把握等が課題となっている。具体的には，固定資産税の納税義務者は，原則として登記簿上の所有者となるが，その所有者が死亡している場合には，「現に所有している者」（通常は相続人）である。この場合，納税義務者が死亡し，相続登記がなされない場合，新たな納税義務者となる「現に所有している者」を課税庁が自ら調査し，特定する必要があり，その調査に多大な時間と労力を要し，迅速・適正な課税に支障が生じている。

　また，土地・家屋を使用収益している者がいるにもかかわらず，所有者が正常に登記されていない等の理由により，課税庁が調査を尽くしてもなおその資産の所有者が一人も明らかとならない場合には，固定資産税を課することができず，課税の公平性の観点から問題が生じている。

　このようなことから，令和2年度税制改正により，「現に所有している者の申告の制度化」及び「使用者を所有者とみなす制度の拡大」の措置が講じられ，地方税法の改正及び地方税法施行令・施行規則の規定が整備された。

＜2＞　固定資産税における所有者課税の原則

Q 固定資産税における所有者課税の原則とはどのようなものでしょうか。

ポイント

　固定資産税は，所有者課税主義がとられており，この「所有者」とは，土地・家屋については，登記簿又は土地（家屋）補充台帳に，それぞれ所有者として登記又は登録されている者をいいます。

A 固定資産税は原則として，固定資産の所有者に課税される。すなわち，固定資産税は，所有者課税主義がとられており，この「所有者」とは，土地・家屋については，登記簿又は土地（家屋）補充台帳に，それぞれ所有者として登記又は登録されている者をいう（地税法343①）。

　固定資産税については，各市町村は固定資産課税台帳を備えなければならず（地税法380①），固定資産税は固定資産課税台帳に登録された所有者に課税することを原則とするが，これを「台帳課税主義」という。

　ここでいう「固定資産課税台帳」とは，「土地課税台帳」「家屋課税台帳」等のことであるが，土地の場合，登記簿に登録されている土地について所要の事項を登録した帳簿を「土地課税台帳」という（地税法341Ⅹ）。「土地課税台帳」の登録事項は次のとおりである。

ア　不動産登記法27条3号及び同法34条1項各号に掲げる事項（㋐土地の所在する市，区，郡，町，村及び字，㋑地番，㋒地目，㋓地積，㋔所有権の登記がない土地については所有者の氏名又は名称及び住所並びに所有者が2人以上あるときはその所有者ごとの持分

イ　所有権，質権及び100年より長い存続期間の定めのある地上権

の登記名義人の住所及び氏名又は名称

ウ　基準年度の価格又は比準価格

エ　法349条の３，法349条の３の２，法附則15条，15条の２又は15
　の３の規定による課税標準の特例の適用を受ける土地ににあって
　は，価格にこれらの規定に定める率を乗じて得た額

オ　登記簿に所有者として登記される個人が賦課期日前に死亡して
　いるとき，もしくは所有者として登記されている法人が同日前に
　消滅しているとき，又は所有者として登記されている法349条１
　項の非課税団体が同日前に所有者でなくなっているときは，賦課
　期日においてその土地を現に所有している者の住所並びに氏名又
　は名称

カ　所有者の存在が震災，風水害，火災その他の事由によって不明
　である場合において，その使用者を所有者とみなして固定資産税
　を課するときは，その使用者の住所及び氏名又は名称

　また，登記簿に登記されていない土地で固定資産税を課すること
ができるものについて所要の事項を登録した帳簿を「土地補充課税
台帳」という（地税法341XI）。

　この「土地補充課税台帳」の登録事項は次のとおりとなる。

　　ア　土地の所有者の住所及び氏名又は名称

　　イ　土地の所在，地番，地目及び地積

　　ウ　基準年度の価格又は比準価格

　　エ　法349条の３，法349条の３の２，法附則15条，15条の２又は
　　　15条の３の規定による課税標準の特例の適用を受ける土地にあ
　　　っては，価格にこれらの規定に定める率を乗じて得た額

　なお，この土地課税台帳等の登録事項については，市街化区域農
地等についての特例がある（地税法附則28①等）。

＜3＞ 固定資産税における所有者課税の例外（みなす所有者課税）

Q 固定資産税における所有者課税の例外とはどのようなものでしょうか。

ポイント

　所有者課税の例外としては，土地に係る質権者等に対する課税のほか，固定資産の所有者の所在が災害等によって不明な場合等において，その使用者を所有者とみなして課税する「みなす所有者」に対する課税があります。

A 固定資産税の土地について，その土地には質権又は100年より永い存続期間の定めのある地上権が設定されているときは，所有者ではなく，その質権者又は地上権者が納税義務者となることが地方税法に規定されている（地税法343①）。

　このような所有者課税の例外として，ほかには「みなす所有者」に対する課税がある。これは，固定資産税の納税義務者を固定資産の所有者であるという原則を貫いた場合，極めて不合理になる場合があるので，このようなときには，固定資産の使用者等を所有者とみなして納税義務者とすることで，税負担の合理化を図ることとされたものである。

　このような土地に係る「みなす所有者」に対する課税としては次のものがある。
- 　災害等（震災，風水害，火災等）によって所有者の所在が不明の場合
- 　一定の調査を尽くしてもなお固定資産の所有者が一人も明らかとならない場合
- 　国が買収・収納した農地等

○　土地区画整理事業又は土地改良事業の施行に係る土地
○　公有水面埋立地等

　なお，過去の「みなす所有者」に係る判例では，福岡地裁平成25年2月26日判決（平成23年（行ウ）第24号）（全文は120頁～）がある。

<事件の概要>
・本件不動産は元々A（昭和46年2月27日死亡）所有で，土地の登記名義人はA，家屋は未登記（固定資産税の免税点以下）
・A死亡後，昭和46年5月12日付で相続人Bが市・区長に相続人代表者として固定資産税の代表者届を提出
・Bの死後，Bの相続人Cが区長に昭和61年5月9日付で相続人代表者として，固定資産税に係る代表者届（Bの相続人として，C及びAの長男・Dを記載）を提出
・平成11年12月までの間，区長は，Cに対して本件不動産につき「C外1名」を納税名義人として賦課決定を行い，納税通知書を送付
・Cが平成12年1月2日に死亡したので，区長は平成12年4月頃，Aを被相続人，旧納税義務者をC外1名と記載した代表者届の用紙を（Aの長男）Dの二女（原告）に送付（原告は提出を拒否）
・平成13年2月5日付で区長は，原告を本件不動産（土地）に係る固定資産税の代表者として指定し，区長・市長は，平成13年度分から平成22年度分までの固定資産税賦課決定処分，原告単独名義の納税通知書を送付
・区長・市長が本件不動産に係る固定資産税等につき滞納処分の手続をとり，原告はこの不服申立ての手続を経て，X（市）に対して無効等確認訴訟を提起

<判旨>

判決は，原告を代表者として指定したことの違法性の有無について，次のように判示した。

・固定資産の所有者として登記されている個人が賦課期日前に死亡しているときには，同日において当該土地又は家屋を現に所有している者を固定資産税等の納税義務者とするのであるから，単独相続でない限り，遺産分割等により所有者が確定するまでの間，当該固定資産を相続により共有する各共同相続人は，地方税法10条の2第1項により，他の共同相続人と連帯して当該固定資産に対する固定資産税等を納付する義務を負う。

・このような場合，地方団体の長は，共同相続人のうち一人に対して，又は同時若しくは順次に全ての共同相続人に対して固定資産税等の納税の告知等をすることができると解され，共有者である共同相続人のうちのいずれの者に対して，また，いかなる順序で納税の告知等を行うかについては，地方団体の長の裁量に委ねられている。

・原告は本件不動産の共有者として固定資産税等の連帯納付義務を負っていること等からすると，本件不動産の共有者である共同相続人の中から原告を代表者として指定したことが，地方団体の長に与えられた裁量権を逸脱・濫用してされたものということはできない。

＜4＞　一定の調査を尽くしても所有者が明らかとならない場合の課税

Q 市町村が一定の調査を尽くしても，なお所有者が一人も明らかにならない場合，固定資産税における所有者課税の例外を適用できるのでしょうか。

ポイント

市町村が一定の調査を尽くしても，なお所有者が一人も明らかとならない場合にはその固定資産の使用者を所有者とみなして課税することができます。

A これは，本書の主題である「所有者不明土地等」に係る税制上の措置として，令和2年度税制改正で地方税法に追加され，令和3年度以後の年度分の固定資産税について適用される制度である。

「所有者不明土地等」が全国的に増加する中，「所有者不明土地等」に対する固定資産税については，課税上の課題が生じていた。例えば，登記簿上の所有者が死亡している場合に，その元所有者の相続人などの「現に所有している者」の調査や特定に多大な時間と労力を要しており，こうした調査を尽くしてもなお，所有者が一人も明らかにならない場合には，固定資産を使用している者がいるにもかかわらず，固定資産税を課すことができない，といった課題があった。

このようなことから，令和2年度税制改正により，所有者情報の円滑な把握や課税の公平性の確保から，「現に所有している者の申告の制度化」及び「使用者を所有者とみなす制度の拡大」の措置が講じられることになり，地方税法（昭和25年法律第226号）が改正され，同法施行令・施行規則において必要な規定が整備されること

になった。

　この新制度では，令和3年度から適用されるが，市町村が一定の調査を尽くしても，固定資産の所有者が一人も明らかとならない場合，その固定資産の使用者を所有者とみなして固定資産課税台帳に登録し，その者に固定資産税を課することができる，とされた（地税法343⑤）。ここでいう「一定の調査」とは，住民基本台帳及び戸籍等の調査並びに使用者と思料される者その他の関係者への質問その他の所有者の特定のために必要な調査となる。

　なお，このように使用者を所有者とみなして固定資産課税台帳に登録しようとする場合には，その旨をその使用者に通知するものとされている。

＜5＞　現に所有している者の申告の制度化

Q 　相続人等の固定資産を「現に所有している者」の申告を義務化する制度ができたということですが，どのような制度でしょうか。

ポイント

　市町村の条例で定めるところにより，登記簿上の所有者が死亡したときに相続登記がされるまでの間，相続人等の「現に所有している者」に対し，氏名・住所等必要な事項を申告することが義務化されました（令和2年4月1日以後の条例の施行の日以後に現所有者であることを知った者について適用）。

A 　「所有者不明土地等」については，固定資産税の課税においても，所有者情報の円滑な把握が課題となっており，令和2年度税制改正大綱では，所有者不明土地等に係る固定資産税の課税上の課題に対応するため，使用者を所有者とみなす制度の拡大とともに，「現に所有している者」の申告の制度化が図られることとなった。

　具体的には，市町村長は，その市町村内の土地又は家屋について，登記簿等に所有者として登記等がされている個人が死亡している場合，その土地又は家屋を現に所有している者（以下「現所有者」という。）に，その市町村の条例で定めるところにより，現所有者であることを知った日の翌日から三月を経過した日以後の日までに，その現所有者の氏名，住所その他固定資産税の賦課徴収に必要な事項を申告させることができることとされている（地税法384の3）。この制度は，令和2年4月1日以後の条例の施行の日以後に現所有者であることを知った者について適用され，また，固定資産税における他の申告制度と同様，罰則等規定（虚偽の申告等に関する罪，

不申告に関する科料）が設けられている（地税法385，386）。

○現に所有している者の申告の制度化

現状

○ 課税庁は、「現に所有している者」（通常は相続人）の把握のため、法定相続人全員の戸籍の請求など、調査事務に多大な時間と労力。

○ 納税義務者特定の迅速化・適正化のため、独自に、死亡届の提出者等に対し「現に所有している者」の申告を求めている団体も多い。　**→実効性を高めるため、申告の制度化の要望**

案

○ 登記簿上の所有者が死亡し、相続登記がされるまでの間において、現に所有している者（相続人等）に対し、市町村の条例で定めるところにより、氏名・住所等必要な事項を申告させることができることとする。

（※）申告期限は、現所有者が現所有者であることを知った日の翌日から三月を経過した日以後の日で条例で定めることとする予定。

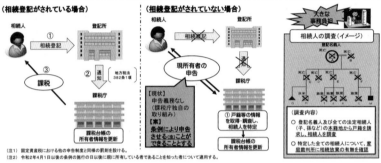

（相続登記がされている場合）

相続人 ①相続登記 → 登記所

③課税 ↑

②通知（地方税法382条1項）↓ 課税庁

課税台帳の所有者情報を更新

（相続登記がされていない場合）

相続人　相続登記 ⇄ 登記所

現所有者の申告 ↓

課税庁

【現状】申告義務なし（課税庁独自の取り組み）

【案】条例により申告させる（注）ことができることとする

戸籍等の情報を取得・調査し、相続人を特定 ↓

課税台帳の所有者情報を更新

大きな事務負担

相続人の調査（イメージ）

【調査内容】

○ 登記名義人及び全ての法定相続人（子、孫など）の本籍地から戸籍を請求し、相続を調査

○ 特定した全ての相続人について、家庭裁判所に相続放棄の有無を確認

（注1）固定資産税における他の申告制度と同様の罰則を設ける。
（注2）令和2年4月1日以後の条例の施行の日以後に現に所有している者であることを知った日について適用する。

（出典）　総務省ホームページ

＜6＞ 所有者が不存在等のため課税できないケース

Q 所有者が不存在又は特定できないため，固定資産税が課税できないケースにはどのようなものがあるのでしょうか。

ポイント

所有者が不存在等のため，固定資産税を課税できないケースとしては，①死亡した登記名義人から賃貸していた者が居住を継続している，②相続放棄した者とその関係者が居住している，③登記が正常に記録されていない土地で店舗を営業している，④外国籍の所有者が死亡し，相続人が特定できない——といったケースが考えられます。

A 所有者が不存在又は特定できないため，固定資産税を課税できないケースとしては，次のような場合が指摘されている。

① 死亡した登記名義人Ａから賃貸していた者が居住を継続しているケース

これは登記名義人Ａ（登記上は土地・建物はＡ名義）が生前から賃借していたＢ（住民登録あり）が居住しているような場合で現在は賃料を支払っておらず，Ａの相続人は全員相続放棄しており，土地・家屋ともに課税できない場合である。

② 相続放棄した者とその関係者が居住しているケース

これは，登記名義人Ｃ（被相続人）とその妻Ｄ（Ｃの相続人）が死亡しており，相続人である子Ｅ及びＦが相続放棄しているが，相続放棄したＥとその関係者（第三者）が居住しているような場合で土地・家屋ともに課税できない場合である。

③ 登記が正常に記録されていない土地で店舗を営業しているケース

これは土地の登記について何十年以上も前から「○○又兵衛外63

名」（住所なし）となっており，建物の登記はH名義でHに対し，家屋分は課税しているが，土地を使用収益している者には課税できない場合である。

④ 外国籍の所有者が死亡し，相続人が特定できないケース

これは，マンションの一区画及び敷地について，X（外国籍）名義となっているが，Xは既に死亡しており，Xの弟が管理費を支払い，その資産を使用しているが，国内に戸籍等が存在しないため，相続関係が確認できず，土地・家屋ともに課税できないような場合である。

○所有者が不存在・特定できないため課税できないケース

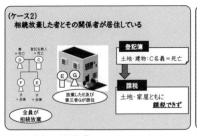

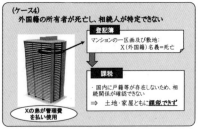

（出典）　総務省ホームページ

Ⅱ　ガイドライン解説編

1 基本的考え方

＜1＞ ガイドラインの基本的性格

Q 固定資産税における使用者を所有者とみなす制度の拡大に伴って出された総務省のガイドラインとはどのような性格のものでしょうか。

ポイント

「使用者を所有者とみなす制度の拡大」が令和3年度から適用されるにあたり，個別事案への適用に当たって参考とするため，市町村への技術的助言として通知されました。

A 「地方税法第343条第5項の規定の適用に係る留意事項について」（令和2年9月4日付け総税固第52号，総務省自治税務局固定資産税課長通知。以下「ガイドライン」という。）は，令和2年度における地方税法改正に伴い，拡大された使用者を所有者とみなす制度の実際の適用に当たって留意する事項を整理したもので，地方自治法（昭和22年法律第67号）245条の4に基づく技術的な助言として，各自治体に向けて，ガイドラインとして示されたものである。

このガイドラインでは，「所有者不明土地等」に対する「みなす所有者課税」拡大の趣旨として，まず，固定資産税は，資産の保有と市町村の行政サービスに一般的な受益関係が存在することに着目して課税する財産税であり，納税義務者は原則としてその固定資産の所有者であることを明らかにしている。

そのことから，「当該固定資産を使用収益し，所有者と同程度の利益を享受している者が存在しているときは，実質的には当該使用者が当該固定資産の利益を享受しており，市町村の提供する行政サ

ービスとの間に一般的な受益関係が存在すると認められるため，当該者に対し負担を求めることで課税の公平性を確保する必要があると考えられる」として，課税庁の判断により課税することができることとしたものである，とされている。

これまでも，地方税法343条4項においては，震災等の事由によって所有者の所在が不明の場合に，課税の公平性を確保する観点からその固定資産を使用収益している者を所有者とみなして課税できることとしている規定がある。今回の「所有者不明土地等」に対する措置についても同様の観点から措置されたものとなっている。

＜2＞　所有者の存在が不明である場合

Q 　土地の所有者についてその所在が不明ですが，登記簿・戸籍・住民基本台帳上は所有者の氏名・住所が記載されている場合は，「みなす所有者課税」の適用をすることができるのでしょうか。

ポイント

　「みなす所有者課税」の制度は，課税庁が政令・規則に規定する探索を尽くしても所有者の存在が一人も明らかとならない場合に限り適用できるものであり，所有者の所在が不明であっても，その所有者の存在が公簿上明らかである場合は適用できません。

A 　「みなす所有者課税」の制度は，その固定資産を使用収益し，所有者と同程度の利益を享受している者が存在しているときは，実質的にはその使用者がその固定資産の利益を享受しており，市町村の提供する行政サービスとの間に一般的な受益関係が存在すると認められるため，その者に対し負担を求めることで課税の公平性を確保する必要があると考えられるときに，課税庁の判断により課税することができることとした制度である。

　今回の「所有者不明土地等」に対する措置についても同様の観点から措置されたもので，このような趣旨に照らし，課税庁が政令及び規則に規定する探索を尽くしても所有者の存在が一人も明らかとならない場合に限り適用できることとされている。したがって，所有者の所在が不明であってもその所有者の存在が公簿上明らかである場合は，この制度は適用できない。

　では，どのようなケースが制度の適用対象となるのかといえば，ガイドラインでは，具体的な適用対象となり得るケースとして，所有者（不動産登記簿に所有者として記録されている者又は賦課期日

前にその者が死亡等している場合は同日において現に所有している者（相続人等））について，個人の場合には氏名及び住所の全部又は一部，法人の場合には名称及び住所の全部又は一部を特定できないなどにより，その存在が確認できない場合——としており，次のような場合を想定している。

　まず，個人については，次のような場合となる。
・表題部所有者欄の氏名・住所等の全部又は一部が正常に記録されていないことから，所有者を特定することができず，その存在が確認できない場合
・不動産登記簿には，所有者の氏名・住所が記録されているが，戸籍や住民票等の公簿でその存在が確認できない場合（住民票の保存期間切れ等）
・所有権の登記名義人の死亡が確認され，戸籍等により相続人となり得る者が特定できたが，全員が死亡又は相続放棄しており，相続財産管理人も選任されていない場合
・所有権の登記名義人が外国籍の場合で，死亡が確認されたが，外国人登録原票等において相続人となり得る者が確認できない場合又は確認できた相続人となり得る者の住民票が特定できないため，相続人の存在が確認できない場合

　法人については次のような場合となる。
・不動産登記簿上の所有者（法人）との連絡が取れず，かつ，法人登記簿上の代表者（解散している場合は清算人又は破産管財人）の存在が，戸籍や住民票等の公簿で確認できない又は死亡している場合
・不動産登記簿上の所有者（法人）の法人登記簿が特定できない場合

＜3＞　財産管理制度の活用（相続財産管理人選任の申立て等）

Q 　所有者の死亡が確認され，相続人となりうる者の全員が相続放棄している場合，相続財産管理人を選定すべきでしょうか。

ポイント

　相続人が全員相続放棄しているなどの場合には，財産管理制度の活用が可能となる場合があります。

A 　所有者の探索を行った結果，相続人が全員相続放棄しているなどの場合，課税庁が相続財産管理人等の選任を申し立てることにより，財産管理制度の活用が可能となる場合があり得る。

　ここで，財産管理制度には「相続財産管理人制度」と「不在者財産管理人制度」の二つの制度がある。

　まず，「相続財産管理人制度」とは，相続人の存在・不存在が明らかでないとき（相続人全員が相続放棄をして，結果として相続する者がいなくなった場合も含む。），利害関係人（被相続人の債権者等）や検察官の申立てによって，家庭裁判所が相続財産管理人を選任する制度である（民法952）。相続財産管理人は，被相続人の債権者等に対し，被相続人の債務を支払うなどによって清算を行い，清算後残った財産を国庫に帰属させることになる。相続財産管理人には資格は必要ないが，被相続人との関係や利害関係の有無などを考慮して，弁護士，司法書士等の専門職など相続財産を管理するのに最も適任と認められる者が選ばれることとなる。

　一方，「不在者財産管理人制度」とは，従来の住所又は居所を去り，容易に戻る見込みのない者に財産の管理人がいない場合，家庭裁判所が利害関係人等の申立てにより，不在者財産管理人を選任し，

家庭裁判所の一般的監督の下で不在者の財産の管理及び保存を行わせる制度である（民法25～29）。

　固定資産税においては，この財産管理人等が選任されている場合には，財産管理人選定後に賦課替えを行い，その財産管理人等に宛てて納税通知書を送付することができるため，その固定資産の使用者を所有者とみなして課税することはできないことに注意する必要がある。

　なお，令和3年4月に所有者不明土地に係る民法，不動産登記法が改正され，財産管理人制度に変更があったことに，今後，留意する必要がある。

○相続財産管理人制度と不在者財産管理人制度

	相続財産管理人制度	不在者財産管理人制度
概　要	相続人の存在，不存在が明らかでないとき（相続人全員が相続放棄をして結果として相続する者がいなくなった場合も含む。），家庭裁判所は，申立てにより相続財産の管理人を選任。相続財産管理人は，被相続人の債権者等に対して被相続人の債務を支払うなどして清算を行い，清算後残った財産は国庫に帰属（特別縁故者に対する相続財産分与がなされる場合もあり）。	従来の住所又は居所を去り，容易に戻る見込みのない者（不在者）に財産管理人がいない場合，家庭裁判所は，申立てにより不在者自身や不在者の財産について利害関係を有する第三者の利益を保護するための財産管理人選任等の処分を行うことができる。この不在者財産管理人は，不在者の財産を管理，保存するほか，家庭裁判所の権限外行為許可を得た上で不在者に代わって，遺産分割，不動産の売却等を行うことができる。
申立人	・利害関係人（被相続人の債権者，特定遺贈を受けた者，特別縁故者等） ・検察官	・利害関係人（不在者の配偶者，相続人にあたる者，債権者等） ・検察官
申立先	被相続人の最後の住所地の家庭裁判所	不在者の従来の住所又は居所地の家庭裁判所
申立てに必要な費用	・収入印紙（800円分） ・連絡用郵便切手（申立てされる家庭裁判所等で確認） ・官報公告料4,230円（家庭裁判所の指示後に納付） ※相続財産の内容から，相続財産管理人が相続財産を管理するために必要な費用（相続財産管理人に対する報酬を含む。）に不足が出る可能性がある場合，相続財産管理人が円滑に	・収入印紙（800円分） ・連絡用郵便切手（申立てされる家庭裁判所等で確認） ・官報公告料4,230円（家庭裁判所の指示後に納付） ※不在者の財産の内容から，不在者財産管理人が不在者の財産を管理するために必要な費用（不在者財産管理人に対する報酬を含む。）に不足が出る可能性がある場合，不在者財産

	事務を行うことができるように，申立人が相当額を予納金として納付	管理人が円滑に事務を行うことができるように，申立人が相当額を予納金として納付
申立てに必要な主な書類	(1) 申立書 (2) 標準的な申立添付書類 ・被相続人の出生時から死亡時までのすべての戸籍（除籍，改製原戸籍）謄本 ・被相続人の父母の出生時から死亡時までのすべての戸籍（除籍，改製原戸籍）謄本 ・被相続人の子（及びその代襲者）で死亡した者がいる場合，その子（及びその代襲者）の出生時から死亡時までのすべての戸籍（除籍，改製原戸籍）謄本 ・被相続人の直系尊属の死亡の記載のある戸籍（除籍，改製原戸籍）謄本 ・被相続人の兄弟姉妹で死亡している者がいる場合，その兄弟姉妹の出生時から死亡時までのすべての戸籍（除籍，改製原戸籍）謄本 ・代襲者としてのおい，めいで死亡している者がいる場合，そのおい又はめいの死亡の記載がある戸籍（除籍，改製原戸籍）謄本 ・被相続人の住民票除票又は戸籍附票 ・財産を証する資料（不動産登記事項証明書（未登記の場合は固定資産評価証明書），預貯金及び有価証券の残高が分かる書類（通帳写し，残高証明書等）等） ・利害関係人からの申立ての場合，利害関係を証する資料（戸籍謄本（全部事項証明書），金銭消費貸借契約書写し等） ・財産管理人の候補者がある場合にはその住民票又は戸籍附票	(1) 申立書 (2) 標準的な申立添付書類 ・不在者の戸籍謄本（全部事項証明書） ・不在者の戸籍附票 ・財産管理人候補者の住民票又は戸籍附票 ・不在の事実を証する資料 ・不在者の財産に関する資料（不動産登記事項証明書，預貯金及び有価証券の残高が分かる書類（通帳写し，残高証明書等）等） ・利害関係人からの申立ての場合，利害関係を証する資料（戸籍謄本（全部事項証明書），賃貸借契約書写し，金銭消費貸借契約書写し等）

（注） 裁判所ホームページ（https://www.courts.go.jp/saiban/syurui/syurui_kazi/kazi_06_15/index.html, https://www.courts.go.jp/saiban/syurui/syurui_kazi/kazi_06_05/index.html）解説より作成

○相続財産管理人選任手続の流れ

項　　目	事務主体	所要期間
相続人特定調査　↓　相続財産の把握　↓　利害関係人等調査　↓　費用対効果の判定　↓　相続財産管理人選定申立	自治体（相続財産管理人申請者）	相続財産管理人は管理業務終了まで申請者側から解任できないため、費用対効果（配当関係・売却可能性）を考慮した選任の適否を見極める必要あり
予納金納付依頼　↓　相続財産管理人選任審判　↓　相続財産管理人選任公告	家庭裁判所	（申立〜選任公告）2週間〜3か月程度　　相続財産管理人の報酬等管理費用として、自治体から家庭裁判所に予納金（100万円）を納付
相続債権者申出公告	相続財産管理人	相続財産管理人選任後、同管理人宛てに固定資産税の賦課替え　　（選任公告〜申出公告）2か月
相続人の捜索公告	家庭裁判所	（申出公告〜捜索公告）2か月
（捜索公告の期間終了後）相続人不存在の確定		（捜索公告〜確定）6か月

（出典）『地方税における資産課税のあり方に関する調査研究』（平成28年，資産評価システム研究センター）中の東京都報告資料より作成

＜4＞ 政令・規則以外の方法による所有者探索

 Q 所有者の探索方法について，みなす所有者課税に係る政令・規則以外の方法で行うことは可能でしょうか。

ポイント

　政令及び規則に定める所有者の探索は，みなす所有者課税の適用の前提として必要な探索の方法について定めたものであり，地方税法等の範囲内で必要に応じてその他の方法による探索を行うことは差し支えないと考えられます。

A　政令49条の２及び規則10条の２の12から10条の２の14までに定める所有者の探索（以下「所有者探索」という。）は，法343条５項の「みなす所有者課税」を適用する際の前提として，必要な探索の方法について定めたものとなっている。ガイドラインでは，この政令・規則による探索方法に加えて，地方税法等の規定の範囲内で，必要に応じ，その他の方法による探索を行うことは差し支えない，とされているところである。

　なお，所有者探索は地方税法に定める官公署等への協力要請又は固定資産税に係る徴税吏員等の質問検査権を根拠とするものである（地税法20の11，353①）。

　このうち，地方税法20条の11の「官公署への協力依頼」は，徴税吏員が地方税に関する調査について必要があるときに，官公署等に当該調査に関し参考となるべき資料の提供等について協力を求めることができることを規定したものである。本条は一般的に秘匿の必要性がなく，徴税吏員に資料を開示しても行政目的を阻害するおそれがないと考えられる資料（例：経済取引及びそれに準ずるもので，官公署へ提出された開業届等）について，従来，法律に基づくものではないという理由だけで資料等の提供等を拒否された事例があっ

たこと等にもかんがみ，官公署等に対するこれらの資料の収集等についての協力要請の法的根拠を与えるものとされる。本条により徴税吏員は，地方税法に特別の定めがあるものを除く他，地方税に関する調査について必要があるときは，官公署又は政府関係機関に，当該調査に関し参考となるべき簿書及び資料の閲覧又は提供その他これに伴う口頭説明等の協力を求めることができることが明確にされた。

　また，地方税法353条1項は，固定資産税の賦課徴収に関する調査のために必要である場合における質問又は帳簿書類その他の物件の検査を行うに際し，市町村の徴税吏員等が行う質問検査の相手方を，① 納税義務者又は納税義務があると認められる者（同項1号），② ①の納税義務者等に金銭又は物品を給付する義務があると認められる者（同項2号），③ ①②以外の者で当該固定資産税の賦課徴収に関し直接関係があると認められる者（同項3号）－と特定しており，その中で，「質問」は①から③の者全部について行うことができ，検査は①及び②に掲げる者についての帳簿書類（電磁的記録を含む。）その他の物件について行うことができる。この場合，「質問」は普通口頭によることを予想しているが，文書による回答・答弁も差し支えない，とされ，質問する場所についても，通常は相手方の住所，居所，事務所であろうが，出頭を求めてもよいし，相手方と出会った場所において行うのも差し支えない。

　なお，徴税吏員の質問検査に関する一定の行為を犯罪としてこれに刑罰を科することにより，質問検査の実効性の確保に努めている。

＜5＞　所有者探索の方法

 所有者探索の方法として，固定資産の所有者と思われる者を把握するためにどのような措置を行うのでしょうか。

ポイント

　具体的な所有者探索の方法として，①その固定資産の登記事項証明書の交付を請求，②その固定資産の使用者と思料される者，その他のその固定資産に係る所有者情報を保有すると思料される者に対し，その所有者情報の提供を求めることが第一歩となります。

A　固定資産の所有者と思料される者を把握するために，ガイドラインでは，まず，次の二つの措置をとることを掲げている（地税令49の2①Ⅰ・Ⅱ関係）。

(ｱ)　その固定資産（償却資産を除く。）の登記事項証明書の交付を請求すること。

(ｲ)　その固定資産の使用者と思料される者その他のその固定資産に係る所有者情報を保有すると思料される者に対し，その所有者情報の提供を求めること。

　この場合の留意点として，まず，「固定資産の所有者と思料される者」については，現地調査により，その固定資産を現に使用しているか否かについて確認する必要があることである。

　また，「その他のその固定資産に係る所有者情報を保有すると思料される者」に対しては，固定資産の所有者の住所及び氏名又は名称その他のその固定資産の所有者の存在を明らかにするために必要な情報を求める必要がある。

＜6＞　使用者を所有者とみなす制度の拡大

Q 使用者を所有者とみなす制度（みなす所有者制度）の拡大はどのような者が対象となるのでしょうか。

ポイント

みなす所有者制度の拡大においては，固定資産税の性格から，①継続して居住又は事業を営んでいる者，②賃料等の対価を受領し使用させている者——が「所有者とみなす使用者」になり得るものであります。

A 「使用者を所有者とみなす制度の拡大」については，固定資産税は所有者に課税することが原則であり，今回の措置は，現行の地方税法343条4項の考え方と同様に，課税の公平性を確保する必要がある場合に限り適用できる規定であることから，所有者とみなす使用者とは，所有者と同等程度に使用収益している者をいい，臨時的・一時的な使用ではなく，相当期間にわたり恒常的に使用している事実が客観的に確認できる者をいうものとされている。

ガイドラインでは，「所有者とみなす使用者の認定にあたっては，以下の点に留意しつつ，使用の実態や経緯について，現地調査を含め客観的な事実を確認するとともに，使用者と思料される者への質問等の調査を十分に行う必要がある」としており，使用者の具体例と留意点については，次のように示している。

① 継続して居住又は事業を営んでいる者

ここでいう「継続」とは，臨時的・一時的な使用は含まれず，相当期間にわたる恒常的な使用をいい，基本的には年間を通して使用している状態が一つの判断基準となる。居住や事業等の使用の実態については，住民票上の記載，電気・ガス・水道の利用状況，固定資産に関する契約状況，家財や事業用資産等の保有状況，償却資産

等の課税状況等を踏まえ，客観的に判断することが望ましい，とされている。

なお，使用の状況については，資産の用途に応じて判断するものであり，例えば倉庫や駐車場として使用されているような場合には，人が常駐していなくても本規定の対象となり得る。

ただし，定期的な保守点検や除草等の保存行為のみを行っている者については，所有者と同等程度に使用収益しているとはいえないことから，所有者とみなす使用者には当たらない，とされている。

② 賃料等の対価を受領し使用させている者

これは固定資産について賃貸借関係がある場合においては，賃料等の対価を受領し他者に使用させている者（賃貸人）が所有者と同等程度に使用収益している者と評価し得るものであり，所有者とみなす使用者となり得る。したがって，固定資産を賃料等の対価を支払って使用している者（賃借人）は所有者とみなす使用者には当たらず，賃料相当を供託して使用している者も所有者とみなす使用者に含まれないこととなる。

また，賃料等の支払については，契約書や賃料等支払に係る領収書，振込明細書等の書証により確認することになる。さらに，土地登記簿上，地上権，賃借権等の設定登記がされている場合やその土地上の建物の所有権の保存の登記のみがされている場合には，それらの登記の登記名義人は，その土地の賃借人等であると推測されるが，所有者の存在が明らかでなく，その賃借人等が対価を支払わずにその土地を使用しているときは，その登記名義人が所有者とみなす使用者となり得るものである。

その他の留意点としては，固定資産を複数人が共同して使用している場合については，課税の公平性を確保する観点を踏まえ，そのうち実質的に所有者と同等程度に使用収益している者を所有者とみなす使用者と判断することが適当となる。例えば家族など複数人で構成される世帯について，世帯主のみを所有者とみなす使用者とす

ることも想定される。

　また，一つの固定資産について所有者とみなす使用者とする者が複数人いる場合には，原則，その複数の使用者が連帯して納税義務を負うことになる。固定資産の使用の実態については，区分所有の場合を除き原則として一筆の土地・一個の家屋単位で判断することとなるが，例えば長屋・共同住宅等でその一部の区画のみを使用しているなど，一部使用部分を合理的に特定できる場合には，その部分に限り課税することとしても差し支えない，とされている。

　なお，その他，ガイドラインでは，納税義務者の考え方について，所有者とみなす使用者として単独で他の固定資産を所有している場合には，これらの固定資産をまとめて一の納税義務者に係る固定資産とみなす，とされている（ガイドライン「４．所有者とみなす使有者について」「６．その他」参照）。

＜7＞ 事前通知

 「みなす所有者課税」を行う場合の事前通知とはどのようなものでしょうか。

ポイント

　所有者探索やその他調査を十分尽くした上で，「みなす所有者課税」を行う場合には，その使用者があらかじめ，納税義務者となることを認識できるよう，事前に通知することとなっています。

　　　　所有者探索を尽くすとともに，使用の経緯や実態等について十分な調査を尽くした上で，地方税法343条5項を適用し，使用者を所有者とみなし課税する場合には，その使用者があらかじめ，納税義務者となることを認識できるよう，事前に通知することとされている。

　事前通知に記載すべき内容は，法令の規定に基づき，探索を尽くしてもなお所有者が特定できず，所有者をみなす使用者として固定資産課税台帳に登録し，課税する予定である旨を記載する必要がある。

　また，事前通知発出の時期については，その性格から固定資産課税台帳登録前に，所有者とみなす使用者が，自身が納税義務者となることを認識できるよう，一定の期間を確保して発出すべきものであるものとされている（ガイドライン「5．事前通知について」参照）。

2 「みなす所有者課税」の適用対象

＜1＞ 「みなす所有者課税」の適用対象となり得るケース

Q ガイドラインでは，「みなす所有者課税」の適用対象となり得るケースとしてはどのようなものが挙げられるでしょうか。

ポイント

　登記簿所有者欄の氏名・住所等が正常に記録されていない場合や相続人全員が死亡又は相続放棄している場合などが「みなす所有者課税」の適用対象となり得るケースです。

A ガイドラインでは，所有者不明土地等における「みなす所有者課税」の具体的な適用対象は，所有者（不動産登記簿に所有者として記録されている者又は賦課期日前にその者が死亡等している場合は同日において現に所有している者（相続人等））について，個人の場合には氏名及び住所の全部又は一部，法人の場合には名称及び住所の全部又は一部を特定できないなどにより，その存在が確認できない場合であり，以下の場合などが「みなす所有者課税」の適用対象となり得るケースとして掲げられている。

・登記簿所有者欄の氏名・住所等が正常に記録されていない場合
・戸籍等の公簿でその存在が確認できない場合
・相続人全員が死亡又は相続放棄している場合
・外国人登録原票等において相続人となり得る者が確認できない場合
・所有法人の代表者の存在が確認等できない場合
・登記簿上の所有者（法人）の法人登記簿が特定できない場合

さて，まず，不動産登記の確認にあたっては，権利者の特定に向けて登記記録を確認することが必要となる。土地の登記には，所在，地番，地目，地積，所有者の住所及び氏名（所有権の登記があるときは所有権登記名義人の氏名及び住所等）等が記録されているが，登記の目的の一つは，不動産に関する権利を公示することであり，登記に記録されている事項は，第三者に対して権利を主張できるため，土地の所有者を探索するに当たっては最も基礎的な資料となる。

　このため，土地の登記事項証明書等を入手して，所有権登記名義人（所有権に関する事項欄記載の所有者）又は表題部所有者（所有権の登記がないとき）（以下「登記記録上の所有者」という。）の氏名及び住所等を確認することとなる。

　登記記録の確認を行ったら，次に，登記記録上の所有者の氏名・住所を住民票・戸籍等の公簿と突合させ，特定することとなる。住民票調査の結果，転居していることが判明した場合には転居先の住民票と突合し，戸籍調査の結果，転籍していることが判明した場合には転籍先の戸籍と突合する。

　ここで，登記記録上の情報と突合する内容としては，以下の内容の確認がポイントとなる。

・登記記録上の住所と住民票記載住所は同一か。
・登記記録上の所有者名と住民票記載の氏名は同一か。
・登記記録上の所有者は未成年でないか。
・登記記録上の所有者は死亡していないか（死亡している場合は，住民票除票（保存期間は死亡から5年）に本人の欄に死亡に関する記載がある。）。

　なお，確認した土地の所有者が制限行為能力者たる未成年者である場合には親権者又は未成年後見人といった法定代理人の住所・氏名を調査する必要がある。また，死亡が確認された場合には本籍地（住民票除票で確認）の市区町村に対して戸籍謄本等の交付申請を行い，その法定相続人の調査を行う必要がある。

法人が土地等の所有者である場合には，裁決申請書の土地所有者等の氏名は，法人名を記載することになる。そのため，土地等に関する登記事項証明書等に記載の所有者が法人であることが判明したときは，法務局に商業・法人登記事項証明書等の交付を申請し，商号・名称，本店・主たる事務所，代表者等の住所及び氏名を調査する。この場合は，以下のような確認がポイントとなる。

・土地等の登記記録の法人の住所と商業・法人登記事項証明書等に記載の本店所在地が同一か。

・土地等の登記記録の法人名及び住所と商業・法人登記事項証明書等に記載の商号が同一か。

　以上が確認ポイントであるが，登記記録上の所有者の所在が不明又は死亡していた場合など，登記記録や住民票・戸籍からだけでは土地所有者を特定することができない場合もある。

○登記事項証明書等の交付申請書の例

不動産用	登記事項証明書 登記簿謄本・抄本 交付申請書

※ 太枠の中に記載してくださ

							収入印紙欄
住　所　東京都千代田区霞が関１－１－１							収　入 印　紙
フリガナ　ホウム　タロウ 氏　名　法務 太郎							

※地番・家屋番号は、住居表示番号（○番○号）とはちがいますので、注意してください。

種　別 (レ印をつける)	郡・市・区	町・村	丁目・大字・字	地　番	家屋番号 又は所有者	請求 通数	
1 ☑土地	千代田区	霞ヶ関	一丁目	1番1		1	収　入 印　紙
2 □建物							
3 □土地							収入印紙は割印をしないでここに貼ってください。（記印紙も使用可能）
4 □建物							
5 □土地							
6 □建物							
7 □土地							
8 □建物							
9 □財団（□目録付） □船舶 □その他							

※共同担保目録が必要なときは、以下にも記載してください。
次の共同担保目録を「種別・欄の番号___番の物件に付ける。
□現に効力を有するもの □全部 □（　）第___号

※該当事項の□に　レ印をつけ、所要事項を記載してください。

☑ 登記事項証明書・謄本（土地・建物）
　専有部分の登記事項証明書・抄本（マンション名_____）
　□ただし、現に効力を有する部分のみ（抹消された抵当権などを省略）

□ 一部事項証明書・抄本（次の項目も記載してください。）
　共有者_____に関する部分

□ 所有者事項証明書（所有者・共有者の住所・氏名・持分のみ）
　□ 所有者　　□ 共有者_____

□ コンピュータ化に伴う閉鎖登記簿
□ 合筆、滅失などによる閉鎖登記簿・記録（平成___年___月___日閉鎖）

交付通数	交付枚数	手数料	受付・交付年月日

（乙号・1）

> 1件あたり、600円の収入印紙が必要となります。

> 過去の共同担保目録を調べることによって私道など予期せぬ不動産を発見することがありますので、全部をチェックしましょう。

（出典）法務局ホームページ　http://houmukyoku.moj.go.jp/homu/content/
000130851.pdf
※自治体職員の公用請求は手数料が免除される（登記手数料令19）。

○全部事項証明書の例

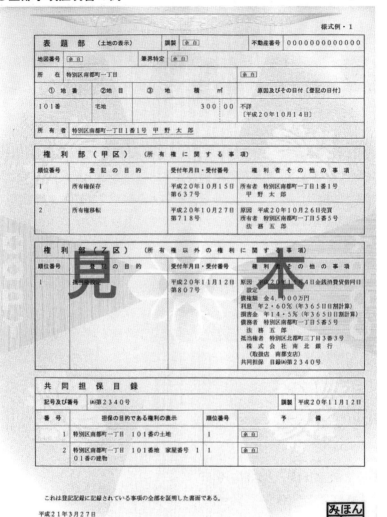

| 表　題　部　（土地の表示）| | 調製 | 余白 | | 不動産番号 | 0000000000000 |

| 地図番号 | 余白 | | 筆界特定 | 余白 |

| 所　在 | 特別区南都町一丁目 | | | 余白 |

| ①　地　番 | ②　地　目 | ③　　地　　積　　㎡ | | 原因及びその日付〔登記の日付〕|

| 101番 | 宅地 | 300 00 | | 不詳 〔平成20年10月14日〕|

| 所　有　者 | 特別区南都町一丁目1番1号　甲野太郎 |

| 権　利　部（甲区）　（所有権に関する事項）| | | |

順位番号	登　記　の　目　的	受付年月日・受付番号	権　利　者　そ　の　他　の　事　項
1	所有権保存	平成20年10月15日 第637号	所有者　特別区南都町一丁目1番1号 甲　野　太　郎
2	所有権移転	平成20年10月27日 第718号	原因　平成20年10月26日売買 所有者　特別区南都町一丁目5番5号 法　務　五　郎

| 権　利　部（乙区）　（所有権以外の権利に関する事項）| | | |

順位番号	登　記　の　目　的	受付年月日・受付番号	権　利　者　その他の事項
1	抵当権設定	平成20年11月12日 第807号	原因　平成20年11月4日金銭消費貸借同日 設定 債権額　金4，000万円 利息　年2・60％（年365日日割計算） 損害金　年14・5％（年365日日割計算） 債務者　特別区南都町一丁目5番5号 法　務　五　郎 抵当権者　特別区北都町三丁目3番3号 株　式　会　社　南　北　銀　行 （取扱店　南都支店） 共同担保　目録㈹第2340号

| 共　同　担　保　目　録 | | | |

| 記号及び番号 | ㈹第2340号 | | 調製 | 平成20年11月12日 |

番　号	担保の目的である権利の表示	順位番号	予　　備
1	特別区南都町一丁目　101番の土地	1	余白
2	特別区南都町一丁目　101番地　家屋番号　1 01番の建物	1	余白

これは登記記録に記録されている事項の全部を証明した書面である。

平成21年3月27日
関東法務局特別出張所　　　　　　　　　登記官　　　　　　　法　務　八　郎

＊　下線のあるものは抹消事項であることを示す。　　　整理番号　D23992　（1／1）　　1／1

（出典）　法務省ホームページ http : //www.moj.go.jp/content/001309855.pdf

＜2＞ 登記簿所有者欄の氏名・住所等が正常に記録されていない場合

Q 「みなす所有者課税」の適用対象となり得る「登記簿所有者欄の氏名・住所等が正常に記録されていない場合」とはどういう場合でしょうか。

ポイント

　個人の場合，表題部所有者欄の氏名・住所等の全部又は一部が正常に記録されていないことから，所有者を特定することができず，その存在が確認できない場合が「みなす所有者課税」の適用対象となり得ます。

A 　不動産登記簿において「表題部所有者」とは，所有権の登記（権利部）がない不動産について，登記記録の表題部に記録される所有者をいう。当事者の申請により所有権の登記がされると，表題部所有者に関する登記事項は抹消されることとなる。

　このようなことから「表題部所有者不明土地」が発生するが，これは，表題部所有者欄の氏名・住所が正常に記録されていない登記となっている土地（例えば，「固定太郎」と氏名のみが記録され，住所の記録がない土地など）である。

○不動産登記簿・表題部の例

表 題 部 （土地の表示）		調整	余 白		不動産番号	○○○○○○○○○○	
地図番号	余 白	境界特定	余 白				
所 在	○○市△△町一丁目			余 白			
① 地 番	② 地 目	③ 地 積 ㎡			原因及びその日付（登記の日付）		
100番	宅地	200	00	不詳			
				（平成20年7月10日）			
所 有 者	○○市△△町一丁目1番1号　固定　太郎						

ところが，実際には，表題部「所有者欄」において，次のような「氏名のみの土地」又は，「記名共有地」「字持地（あざもちち）」などというように，表題部所有者の登記が変則的な記録となっている土地がある。これは，「旧土地台帳」（土地台帳法（昭和22年法律第30号）に基づき，税務署が地租の課税標準たる土地の賃貸価格の均衡適正を図るために土地の状況を明確に把握するための地目・地積等必要な事項の登録を目的とする課税台帳）の制度下においてなされた所有者欄の氏名又は名称及び住所の変則的な記載が不動産登記簿に引き継がれたことから生じていると考えられている。

○「氏名のみ土地」…氏名又は名称が記録されているが，その住所の記載がない土地

表題部 (土地の表示)		調整	余白	不動産番号	○○○○○○○○○○
地図番号	余白	境界特定	余白		
所　在	○○市□□町		余白		
① 地　番	② 地　目	③ 地　積 ㎡		原因及びその日付（登記の日付）	
110番	山林	50	00	余白	
余白	余白	余白		昭和63年法務省第37号附則第2条第2項の規定により移記　平成9年6月26日	
所有者	固 定 次 郎 左 衛 門				

○「記名共有地」…「A外 7 名」などと記載され，「A」の住所並び
に他の共有者の氏名及び住所が登記記録上記録されていない土地

表 題 部 (土地の表示)		調整	余 白		不動産番号	○○○○○○○○○○
地図番号	余 白	境界特定		余 白		
所 在	○○市□□町			余 白		
④ 地 番	⑤ 地 目	⑥ 地 積 ㎡		原因及びその日付（登記の日付）		
120番	宅地	200	00	余 白		
余 白	余 白	余 白		昭和 63 年法務省第 37 号附則第 2 条第 2 項の規定により移記 平成 9 年 6 月 26 日		
所有者	固定花子外 7 名					

○「字持地」…住所が記録されておらず，「大字銀座」等の大字名
や集落名などの名義が記載されている土地

表 題 部 (土地の表示)		調整	余 白		不動産番号	○○○○○○○○○○
地図番号	余 白	境界特定		余 白		
所 在	○○市□□町			余 白		
⑦ 地 番	⑧ 地 目	⑨ 地 積 ㎡		原因及びその日付（登記の日付）		
130番	宅地	200	00	余 白		
余 白	余 白	余 白		昭和 63 年法務省第 37 号附則第 2 条第 2 項の規定により移記 平成 9 年 6 月 26 日		
所有者	大 字 銀 座					

＜3＞ 戸籍等の公簿でその存在が確認できない場合

Q 「みなす所有者課税」の適用対象となり得るケースで「戸籍等の公簿でその存在が確認できない場合」とはどのようなケースでしょうか。

ポイント

不動産登記簿には，所有者の氏名・住所が記録されているが，戸籍や住民票等の公簿でその存在が確認できない場合が挙げられます。

A 不動産登記簿には，所有者の氏名・住所が記録されているが，戸籍や住民票等の公簿でその存在が確認できない場合（例えば，住民票の保存期間切れ等）には，「みなす所有者課税」の対象となることが考えられる。

ここで，「戸籍」とは，身分関係を公証するものとして，戸籍法6条に基づき，住民の本籍地市町村において作成されるものである。

※戸籍法6条　戸籍は，市町村の区域内に本籍を定める一の夫婦及びこれと氏を同じくする子ごとに，これを編製する。ただし，日本人でない者（以下「外国人」という。）と婚姻をした者又は配偶者がない者について新たに戸籍を編製するときは，その者及びこれと氏を同じくする子ごとに，これを編製する。

一方，「住民票」は，市町村における住民の現在の居住関係（現住所）を公証することが目的であり，住民基本台帳法5条等に基づき，住所地市町村において作成される。ある住民が死亡したり，転出したりすると，住民票は消除されるが，消除された住民票（「住民票の除票」）については，除票に記載されている個人情報を長期間保有していることが不適当であり，また，市町村にとって負担となるため，その保存期間を住民基本台帳法施行令34条において5年

としている。

さて、この住民票と戸籍との関係において、住民票の氏名等の情報を戸籍の氏名等の情報と一致させるため、住民票と戸籍を連携させ、その住民のこれまでの住所の履歴を記載したものが「戸籍の附票」である。

戸籍の附票は、住民基本台帳法16条に基づき、戸籍を単位に作成されるため、戸籍がある限り、「戸籍の附票」も存在し、戸籍に記載されている者全員が死亡した場合には戸籍が消除され、「戸籍の附票」も消除されることになる。

この消除された戸籍の附票（「戸籍の附票の除票」）の保存期間は、住民基本台帳法に基づくものであるため、住民票の除票と同様、住民基本台帳法施行令34条において5年とされている。

このようなことから、不動産登記簿に土地の所有者の氏名・住所が記録されていたとしても、住民票や戸籍の附票等の保存期間切れ等によって、所有者の現住所の把握が困難であることが考えられる。

なお、戸籍調査の流れの例としては、①被相続人の出生から死亡までの戸籍を取り寄せる、②法定相続人全員の戸籍を取り寄せる、③戸籍を元に相続図を作成する、④相続人の代表者へ相続人代表者届の提出を依頼、⑤届け出られた相続人代表者が法定相続人であるかを確認し、相続人でない場合には再度、届出の提出を依頼、⑥相続人代表者届の提出がない場合、相続人代表者を指定し、指定通知を送付、⑦適宜、相続放棄の有無を家庭裁判所に確認する——といった流れになる。

○住民票と戸籍の附票の記載事項

	住　民　票	戸籍の附票
根拠規定	住民基本台帳法７条等	住民基本台帳法17条等
記載事項	氏名，生年月日，性別，住所，世帯主氏名・続柄，戸籍の表示（本籍及び筆頭者氏名），マイナンバーカード，住民票コード，選挙人名簿の登録に関する事項，国民健康保険，後期高齢者医療，介護保険，国民年金の被保険者資格に関する事項，児童手当の受給資格に関する事項，など	戸籍の表示（本籍及び筆頭者名），氏名，住所，住所を定めた年月日など

○住民票「住所欄」の例

氏名	固定　太郎	生年月日		性別	続柄
		昭和 39 年 10 月 10 日		男	本人
住所	○○県××市□町一丁目２番３号	住民となった日		昭和 60 年４月１日	
		異動年月日			
本籍	○○県××市□町４番地	筆頭者	固定　太郎		
前住所	○○県△市△町二丁目５番６号				
転出					

○戸籍の附票「住所欄」の例

②					①					番号	
5	4	3	2	1	5	4	3	2	1	記載事由欄	平成4年1月10日作成
				平成4年1月10日転入届出					平成4年1月10日転入届出		
				甲県乙市丙町2番地3号丁目					甲県乙市丙町2番地3号丁目	住所	本籍 甲県乙市丙町四番地
									平成4年1月10日	住所を定めた日	
										在外選挙人名簿登録市町村名	氏名
花子					太郎					名	固定太郎

＜4＞　相続人全員が死亡又は相続放棄している場合

Q 「みなす所有者課税」の適用対象となり得るケースで，「相続人全員が死亡又は相続放棄している場合」とはどのようなものでしょうか。

ポイント

　所有権の登記名義人の死亡が確認され，戸籍等により相続人となり得る者が特定できたが，全員が死亡又は相続放棄しており，相続財産管理人も選任されていない場合は「みなす所有者課税」の適用対象となり得ます。

A 所有権の登記名義人の死亡が確認され，戸籍等により相続人となり得る者が特定できたが，全員が死亡又は相続放棄しており，相続財産管理人も選任されていない場合は「みなす所有者課税」の適用対象となり得るものである。

　一般的に市町村の税務（固定資産税）担当課での相続人の把握は，まず，市町村内居住者については住民基本台帳との連携及び「相続税法58条通知」によって被相続人の死亡の事実を把握することとなる。ここでいう「相続税法58条通知」とは，相続税法58条により，税務署が相続税の課税対象者等を把握するため，市町村が死亡届を受理した場合，死亡届に記載された事項を税務署へ通知するものである。その通知書には，固定資産税評価額等を記載しているため，死亡届を受理した戸籍担当課から税務担当課にその被相続人に関する照会などがあるので，それによって税務担当課が納税義務者である被相続人の死亡の事実を把握する場合がある。

　また，市町村外居住者については納税通知書の返戻，滞納の発生等によって被相続人の死亡の事実を把握し，住所地市町村から住民

票を取得する場合がある。

　このような端緒によって，納税義務者の死亡の事実を確認した場合，税務担当課は死亡者の本籍地市町村から戸籍（出生から死亡まで）を取得し，法定相続人の本籍地市町村から法定相続人の戸籍や戸籍の附票を取得し，あるいは生存が確認された法定相続人の住所地から住民票を取得する。このような資料に基づき，法定相続人関係図の作成を行うなどし，法定相続人を確定し，家庭裁判所に相続放棄の有無を確認するなどによって，法律関係を明らかにしていくことが必要である。

　なお，自治体によっては，住民基本台帳ネットワークシステムを活用した相続人探索調査を行っているところや，システムに相続人把握を取り込んでいる例もあるが，課題もみられるところである。

参　考

○相続税法（昭和25年法律第73号）（抄）

第58条　市町村長その他戸籍に関する事務をつかさどる者は，死亡又は失踪に関する届書を受理したときは，当該届書に記載された事項を，当該届書を受理した日の属する月の翌月末日までにその事務所の所在地の所轄税務署長に通知しなければならない。

2　前項の規定により市町村が処理することとされている事務は，地方自治法（昭和22年法律第67号）第2条第9項第1号（法定受託事務）に規定する第1号法定受託事務とする。

○税務行政運営上の協力に関する国税庁と自治庁との了解事項（昭和29年）（抄）

第二　具体的措置要領

一　課税上の協力その他による協力

4　資料の提供その他による協力

（五）市町村長は，相続税法第58条の規定により，税務署長に対して死亡通知書を提出する場合には，死亡者の所有にかかる固定資産

課税台帳に登録されている土地，家屋及び償却資産等に関する資料を添付して送付する。

○相続税58条通知の様式例（国税庁「資産税事務提要」より）

平成　年　月　日提出

_____税務署長殿

No._____　　　　　　　　　　　　　　　　　_____市区町村長　㊞

平成　　年　　月分相続税法第58条の規定による通知書

戸籍係の受付番号		相続開始の年月日	平成　年　月　日	続柄	氏　　名	住　　所
被相続人	フリガナ			配偶者		
	氏　名				(明・大・昭・平　年　月　日生)	
		(明・大・昭・平　年　月　日生)		相		(明・大・昭・平　年　月　日生)
	住　所	市区町村				
					(明・大・昭・平　年　月　日生)	
	職　業	年頭者かどうかの区分	筆・非	続		(明・大・昭・平　年　月　日生)
	本　籍					
	死亡場所			人	(明・大・昭・平　年　月　日生)	
	被相続人の世帯の主な仕事	1　2　3　4　5　6				
届出人	氏　名				(明・大・昭・平　年　月　日生)	
	被相続人との続柄					
	住　所				(明・大・昭・平　年　月　日生)	
固定資産価額欄	宅　地	千円		税務署整理欄	1　申告案内対象事案	(通報番号)
	農　地				2　自主申告事案	
	山　林				3　課税見込事案	_____号
	家　屋				4　一括非課税処理対象	(平・・・)
市区町村民税の課税標準		千円				

	所在場所	財産の種別	利用区分・構造	数量	固定資産税評価額	※倍数（単価）	※評価額
財産（平・・・現在）							
相続開始前3年以内の異動							
参考							

(注) 1　※印欄は記載しないでください。
2　記載事項については，この通知書への記載に代えて，関係資料を添付しても差し支えありません。
3　「財産」欄には，先代名の財産についても記載してください。なお，書ききれないときは適宜の用紙により記載してください。
4　「固定資産税評価額」欄に地方税法第381条第1項又は第3項に規定する基準年度の価格又は比準価格を記載してください。
5　「相続開始前3年以内の異動」欄は記載しなくても差し支えありません。

(資4－1－1－A4統一)

第4章－1

21.6

相続税法第58条の規定による通知書（単記式）

（記載要領）

1　この通知書（単記式）は、被相続人ごとに相続開始年月日順に作成してください。

2　「被相続人」欄は、次により記載してください。

 (1)　「住所」欄には、被相続人の死亡の時における住所（住所がないときは居所）を具体的に、例えば○○市○○町○○丁目○○番地○○方等のように記載してください。

 (2)　「職業」欄には、被相続人の死亡直前における職業を具体的に、例えば○○産業株式会社社長等のように記載してください。

 (3)　「死亡場所」欄には、被相続人の死亡の場所を具体的に、例えば○○市○○丁目○○番地○○大学附属病院内科病室等のように記載してください。

3　「被相続人の世帯の主な仕事」欄は、死亡届出書に、次により死亡当時の世帯の主な仕事を記載することになっているので、その世帯の主な仕事の該当する番号を○で囲んで表示してください。

 （番　号）　　　　　（世帯の主な仕事）

  1　農業だけ又は農業とその他の仕事を持っている世帯

  2　自由業・商工業・サービス業等を個人で経営している世帯

  3　企業・個人商店等（官公庁は除く）の常用勤労者世帯で勤め先の従業員数1人から99人までの世帯（日々又は1年未満の契約の雇用者は5）

  4　3にあてはまらない常用勤労者世帯及び会社団体の役員の世帯（日々または1年未満の契約の雇用者は5）

  5　1から4にあてはまらないその他の仕事をしている者のいる世帯

  6　仕事をしている者のいない世帯

4　「届出人」欄は、相続人が不明のときに限り記載してください。

5　「相続人」欄は、次により記載してください。

 (1)　「続柄」欄には、被相続人に対する相続人の関係を記載してください。

 (2)　「住所」欄には、被相続人の死亡の時における相続人の住所（住所がないときは居所）を記載してください。

6　「固定資産税評価額」、「市区町村民税の課税標準」の各欄には、それぞれ被相続人が死亡した日の属する年次の各固定資産税評価額の合計額、課税標準を記載してください。ただし、被相続人が死亡した時に、まだその年の課税標準が確定していないときは、その死亡の日の属する年の前年の課税標準を記載してください。

7　「財産」欄には、被相続人の死亡の時における被相続人の所有（先代名義を含む。）に係る不動産その他の財産を個別に記載してください。

○住基ネットを活用した死亡者把握の取組み事例【A市（政令市）の例】

（概要）

　住所地が市外の納税義務者（マイナンバーが付された者に限る）について，住基ネットを通じて一括照会を行い，現に所有する者の届出書を出力していくシステム

（手順）

① 　市税システムから住所地が市外の者のデータを抽出する。

② 　①のデータを「県内他市町村」と「県外」に振り分ける。

③ 　住基ネットの一括提供機能を用い，住所地が市外の者について，マイナンバーをキーにその者の生存情報を照会する。

④ 　住所地が市外の者の生存情報が回答される。

⑤ 　死亡者情報のみを抽出し，データを統合する。（過去に現に所有する者の届出書を配付した者の重複を削除）

⑥ 　市税システムより「現に所有する者」の届出書を死亡者の相続人等を調査し，出力された届出書を死亡者の相続人等の住所へ送付する。

（検索上の課題）

・課税台帳に個人番号が付されていない場合，検索が困難。

・登記簿（課税台帳）に記載されている氏名・住所の2情報のみでも検索できるが，登記簿上の住所が更新されていないことなどにより，該当しないケースが多い。

・漢字の字体の違い等により該当しないケースがある。

・毎年，市外居住者全てを1件1件検索することは，事務処理上不可能。

（法解釈等に係る課題）

・住基ネットを利用できる根拠法令がわからない。

・提供先の関係条例において，税業務に利用できる旨の規定が必要。

・住基ネットのマニュアルが複雑で理解しづらい。

（出典：「地方税における資産課税のあり方に関する調査研究」（令和2年3月　一般財団法人資産評価システム研究センター）より一部抜粋）

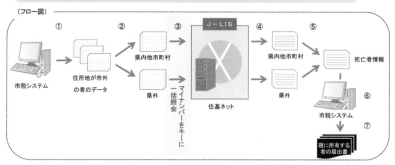

住基ネットを活用した死亡者把握の取り組み事例【A市（政令市）の例】

住所地が市外の納税義務者（※）について、住基ネットを通じて一括照会を行い、現に所有する者の届出書を出力する。

（手順）
① 市税システムから住所地が市外の者のデータを抽出する。
② ①のデータを「県内他市町村」と「県外」に振り分ける。
③ 住基ネットの一括提供機能を用い、住所地が市外の者について、マイナンバーをキーにその者の生存情報を照会する。
④ 住所地が市外の者の生存情報が回答される。
⑤ 死亡者情報のみを抽出し、データを統合する。（過去に現に所有する者の届出書を配付した者の重複を削除）
⑥ 市税システムより「現に所有する者」の届出書を出力する。
⑦ 死亡者の相続人等を調査し、出力された届出書を死亡者の相続人等の住所へ送付する。

（※）マイナンバーが付番されたものに限る。

〇相続人調査にシステムを用いている事例（鹿児島県霧島市の例）

＜主な機能＞

① 対象者一覧の表示

納税義務者死亡事案について，住所，氏名，生年月日，死亡日，年税額，滞納額等のデータを基幹システムから取り込むことにより，それぞれにより並び替えが可能。⇒調査が必要な者の全体像が把握できるとともに，優先的に調査すべき事案を決定できる。

② 各種照会文書発行機能

対象者一覧画面を選択することにより，市町村への戸籍の公用請求や家庭裁判所への相続放棄有無照会の依頼文を作成。

③ 相続人の入力，相続関係図の作成

戸籍等を取得して把握した相続人情報を入力することにより，相続関係図を自動生成。

④ 納税通知書・課税明細書の発行

相続人調査が完了した事案について，納税通知書・課税明細書を一斉発行。相続人が複数である場合には，相続人全員分について，相続人ごとに住所と氏名を替えて印字可能。

課税明細書に登記名義人が記載されるとともに，お知らせ文書を発行。

⑤ 調査結果の取り込み，保存

公用請求により取得した書類や，作成された相続関係図等について，PDF，Word，Excel などの形式で取り込み，保存が可能。

48

①トップ画面

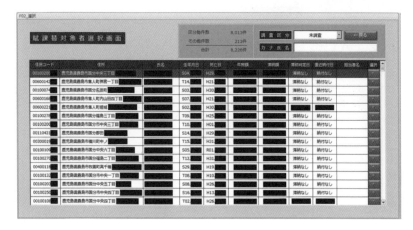

②各種照会文発行機能

892-8677
鹿児島県鹿児島市山下町１１番１号

令和元年６月２０日

鹿児島市役所（戸籍担当課）　　様

霧島市長　中重　真一

戸籍謄本等の交付について（依頼）

　下記の者について市税の滞納徴収上必要がありますので、多忙中恐縮ですが戸籍謄本等を
交付して頂きますよう、お願い致します。
　（なお、この依頼書は、地方税法第20条の11に基づきます。）

記

本　籍　地 （団　体　等）	鹿児島県霧島市国分野口西 ███████████
筆　頭　者	████████████

③相続人の入力，相続関係図の作成

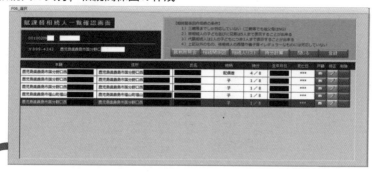

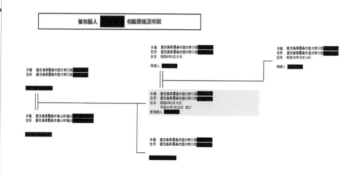

50

（出典）　資産評価システム研究センター・前掲報告書より作成

＜5＞ 外国人登録原票等において相続人となり得る者が確認できない等の場合

Q 所有権の登記名義人が外国籍の場合，「みなす所有者課税」の適用対象となり得るケースはどのような場合でしょうか。

ポイント

　所有権の登記名義人が外国籍の場合で，死亡が確認されたが，外国人登録原票等において相続人となり得る者が確認できない場合又は確認できた相続人となり得る者の住民票が特定できないため，相続人の存在が確認できない場合は「みなす所有者課税」の適用対象となり得ます。

A 所有権の登記名義人が外国籍の場合で，死亡が確認されたが，外国人登録原票等において相続人となり得る者が確認できない場合又は確認できた相続人となり得る者の住民票が特定できないため，相続人の存在が確認できない場合は，「みなす所有者課税」の適用対象となり得る。

　外国人については，日本における日本人間の外国的要素を全く含まず，内国法が適用される私法的生活関係と異なり，なんらかの外国的要素を含む私法的生活関係（国際的私法関係又は渉外的私法関係）においては，一つの法律関係に外国法と国内法との複数の法秩序が競合するいわゆる「法律の抵触」が生じる。国際私法においては，人の身分及び能力の問題は，人がどこへ行ってもその人に追随して適用される「属人法」に従うべきものとされている。この「属人法」については，「本国法主義」（ある者が国籍を有する国の法律をその者の属人法として適用する主義）と「住所地法主義」（ある者が住所を有する地の法律をその者の属人法として適用する主義）

とが対立しており，各国において，法律関係のなんらかの要素（当事者の国籍，住所，物の所在地，行為地，事実発生地等。これらを「連結点」という。）を基準にして，国際的私法関係に適用すべき法律（「準拠法」）を指定している。

　わが国においては，国際私法に関する「法の適用に関する通則法」により，外国人について相続が発生した場合，相続の準拠法は，原則として被相続人の本国法によることとされている（法の適用に関する通則法36）。ただし，本国法が被相続人の居住地法を準拠法と定めている場合等には，日本法によることがある（法の適用に関する通則法41条。これは当事者の国際私法を考慮に入れて日本法によるべきとする「反致主義」と呼ばれる。）。したがって，被相続人が外国籍の場合，相続人の特定は，まず，被相続人の本国の相続法を確認する必要があるが，本国法が地域や人種等により不統一の場合もあり，特定できないことがある。

　また，準拠法が判明したとしても，固定資産税は租税条約等の対象外であることもあり，大使館・領事館や本国の関係機関を通じてその調査を行うことは困難なものとなっている。仮に本人の申出等により関係書類が提出されたとしても，翻訳が必要であり，その書類が相続関係を証明する公的書類であるかを確認できないこともある。したがって，基本的には，日本国内の住民票及び外国人登録原票の写しにより国内居住の関係者を調査し，準拠法に照らし相続権があると認められた者に課税するのが通常の取扱いとなる。

　ところで，外国人の居住情報については，現在は，平成21年の住民基本台帳法等の改正により，一定の外国人も住民基本台帳の対象となっているが，平成24年以前は，外国人については外国人登録原票において情報が記録されていた。この「外国人登録原票」とは，旧外国人登録法（昭和27年4月28日法律第125号）に基づき，市区町村がその地域に住んでいる外国人の情報を記録したもので，顔写真，氏名，生年月日，国籍，職業，居住地又はその変更登録の内容

などが記載されていたものである。平成24年7月9日に「出入国管理及び難民認定法及び日本国との平和条約に基づき日本の国籍を離脱した者等の出入国管理に関する特例法の一部を改正する等の法律」が施行されたことに伴い，外国人登録法が廃止され，市区町村に保管されていた外国人登録原票は，法務省に送付されて，現在は出入国在留管理庁において保管されている。

このようなことから，平成24年7月以降は外国人登録原票が作成されていない。外国人登録原票には，世帯主と世帯構成員との続柄（妻・子など）が記入されているため，居住者等が相続権を有する者か否かの確認が容易であったが，住民票では，死亡者が除かれ新たな者が世帯主として記載されるだけであり，続柄が確認できないため，今後，相続関係の証明がより困難になることが懸念されている。

参 考

〇法の適用に関する通則法（平成18年法律第78号）（抄）

（相続）

第36条　相続は，被相続人の本国法による。

（反致）

第41条　当事者の本国法によるべき場合において，その国の法に従えば日本法によるべきときは，日本法による。ただし，第25条（第26条第1項及び第27条において準用する場合を含む。）又は第32条の規定により当事者の本国法によるべき場合は，この限りでない。

〇相続の準拠法の例

・本国法による国：大韓民国，中華民国（台湾），ドイツなど

・不動産所在地法による国：フランス，中華人民共和国，イギリス，ベトナム

・不統一（地域や人種により異なる国）：アメリカ，インド，カナ

ダ，オーストラリア，マレーシアなど

○相続の分割主義と統一主義

　相続の準拠法には，諸国の国際私法上「相続分割主義」と「相続統一主義」がある。前者は，動産相続と不動産相続とを区別し，動産相続は被相続人の死亡当時の住所地法によらしめ，不動産相続は不動産所在地法によらしめる主義で，英米（ただし，①相続財産の管理・清算と②残余財産の分配・移転を区別し，②にのみ相続分割主義を適用）をはじめとして，フランス，ベルギー，中国などで採用されている。後者は，相続は，動産・不動産を問わず，すべて被相続人の属人法によらしめようとする主義で，ドイツ，イタリア，オランダ，スペイン等で採用されている。

　日本は相続統一主義を採用し，被相続人の本国法主義を採用している。

○外国人登録原票について

　外国人登録原票に記載されている個人情報は，平成24年7月9日の外国人登録法廃止以前に，区町村に登録の申請をした下記の①から㉔の個人情報が記載されている。

（ただし，登録の申請がされていない情報は記載されておらず，外国人登録原票の様式や登録事項は，これまで累次の改正がなされていることから，必ずしもこれら全ての個人情報が記載されているとは限らない。）

（登録事項）

①氏名，②性別，③生年月日，④国籍，⑤職業，⑥旅券番号，⑦旅券発行年月日，⑧登録の年月日，⑨登録番号，⑩上陸許可年月日，⑪在留の資格，⑫在留期間，⑬出生地，⑭国籍の属する国における住所又は居所，⑮居住地，⑯世帯主の氏名，⑰世帯主との続柄，⑱勤務所又は事務所の名称及び所在地，⑲世帯主である場合の世帯を構成する者（世帯主との続柄，氏名，生年月日，国籍），⑳本邦にある父・母・配偶者（⑲に記載されている者を除く。）の氏名，生

年月日，国籍，㉑署名，㉒写真，㉓変更登録の内容，㉔訂正事項

※平成24年7月8日以前に，市区町村において登録原票の記載事項について変更の登録を申請されている場合，その履歴（氏名，国籍，職業，在留の資格，在留期間，世帯主の氏名，続柄，居住地等）についても記載。

○外国人登録原票のイメージ

※ 様式はあくまでも参考例の一つを掲載しております。

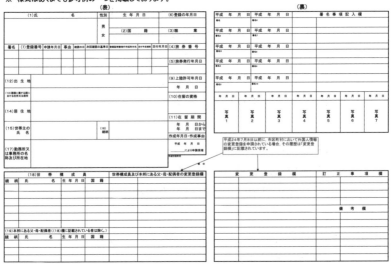

（出典）　出入国管理庁ホームページ http://www.moj.go.jp/isa/content/930001770.pdf

＜6＞ 所有法人の代表者の存在等が確認できない場合

Q 土地を所有する法人の代表者の存在が確認できない場合，「みなす所有者課税」の対象となるのでしょうか。

ポイント

不動産登記簿上の所有者である法人との連絡が取れず，かつ，法人登記簿上の代表者の存在が，戸籍や住民票等の公簿で確認できない場合又は死亡している場合，あるいは不動産登記簿上の所有者である法人について法人登記簿が特定できない場合，「みなす所有者課税」の適用対象となり得ます。

A 不動産登記簿上の所有者である法人との連絡が取れず，かつ，法人登記簿上の代表者（解散している場合は清算人又は破産管財人）の存在が，戸籍や住民票等の公簿で確認できない又は死亡している場合，あるいは，不動産登記簿上の法人について，法人登記簿が特定できない場合は，「みなす所有者課税」の適用がある。

法人には，株式会社，一般社団・財団法人，宗教法人，医療法人等があるが，いずれも会社法（平成17年法律第86号），一般社団・財団法人法（平成18年法律第48号），宗教法人法（昭和26年法律第126号），医療法人法（昭和23年法律第105号）等の各法人の根拠法により，設立・解散・清算等がなされる。ここで，法人の解散については，原則として各法人の根拠法による清算人制度を活用して，解散後に存続する財産について清算を進めることとされている。このように清算中の法人について，清算人を一人でも把握することができる場合には，当該清算人を相手に売買契約等を進めていくことになる。一方で，戸籍等の確認により，清算人の全員について死亡

が確認された場合には，裁判所に対して清算人選定の申立てを行う必要がある。

　例えば，株式会社の場合，会社法478条の規定に基づき就任し，又は裁判所により選任される清算人との間で売買契約手続等を進めていくことになる。なお，裁判所に対して清算人の選任申立てをした場合には，清算人が選任された後に清算人の申請により，法人登記簿へ清算人登記をした上で，売買契約の締結，所有権移転登記を行うことになる。また，清算法人について，清算事務が終了すると，清算人の申請によって清算結了登記が行われ，これにより，当該法人の登記は閉鎖登記簿になる。このように，法人名義で登記されている土地について，法人の解散・清算手続が順調にいっている場合は，所有権の移転手続も比較的容易に進むが，例えばその法人が既に解散している場合には，所有権移転等の手続が困難になる場合がある。このような場合，法人の解散の有無については，その法人の登記を確認することになるが，取締役等が長らく変更されていない場合などは，法人としての活動が停止されている可能性が高いものと考えられ，そういった状況を踏まえた調査が必要となる。

　このような調査の結果，その法人の存在が，戸籍や住民票等の公簿で確認できない場合又は死亡している場合，あるいは不動産登記簿上の所有者である法人について法人登記簿が特定できない場合，「みなす所有者課税」の適用対象となり得る。

参　考

○登記事項証明書とは

　登記事項証明書とは，コンピュータ化された登記簿に記録されている事項の全部又は一部を証明した書面のことで，以下の4種類がある。

① 　現在事項全部証明書

　㋐現に効力を有する登記事項，㋑会社成立の年月日，㋒取締役，

監査等委員である取締役，会計参与，監査役，代表取締役，特別取締役，委員，執行役，代表執行役及び会計監査人の就任の年月日並びに㈡会社の商号及び本店の登記の変更に係る事項で現に効力を有するものの直前のものを記載した書面に認証文を付したものである。

② 履歴事項証明書

　従前の登記の謄本に相当するものであり，現在事項証明の記載事項に加えて，当該証明書の交付の請求のあった日の３年前の日の属する年の１月１日から請求の日までの間に抹消された事項（職権による登記の更正により抹消する記号を記録された登記事項を除く。）等を記載した書面に認証文を付したものである。

③ 閉鎖事項証明書

　閉鎖した登記記録に記録されている事項を記載した書面に認証文を付したものである。

④ 代表者事項証明書

　資格証明書に代替し得る証明書で，会社の代表者の代表権に関する事項で，現に効力を有する事項を記載した書面に認証文を付したものである。

　なお，現在全ての登記所がコンピュータ化されているが，登記所のコンピュータ化に伴って閉鎖された登記簿など，コンピュータで管理されていない登記簿については，謄本（登記用紙の全部を謄写したもの）又は抄本（登記用紙の一部のみを謄写）という証明書を交付している。

○現在事項全部証明書の例

現在事項全部証明書

〇〇市△△町一丁目2番3号
株式会社　イロハ商事
会社法人番号　12××-0×-999×××

商　号	株式会社　イロハ商事	
	株式会社　IROHA	平成20年4月8日変更
		平成20年4月1日登記
本　店	〇〇市△△町一丁目2番4号	
	〇〇市△△町一丁目2番3号	平成23年12月1日移転
		平成23年12月8日登記
公示する方法	官報に掲載してする	
会社成立の年月日	昭和60年4月1日	
目　的	1.経営コンサルタント業 2.損害保険代理店業 3.生命保険募集に関する業務 4.アミューズメント 5.各号に附帯関連する一切の業務	
発行可能株式総数	800株	
発行済株式の総数並びに種類及び数	発行可能株式の総数 200株	
株券を発行する旨の定め	当会社の株式については，株券を発行する	
		平成17年法律第87号第136条の規定により平成18年5月1日登記
資本金の額	金1000万円	
株券の譲渡制限に関する規定	当会社の株式を譲渡するには，取締役会の承認を受けなければならない。	

整理番号　ア12××××　　　　米　下線のあるものは抹消事項であることを示す。　　　　1/2

○○市△△町一丁目 2 番 3 号
株式会社　イロハ商事
会社法人番号　12××-0×-999×××

役員に関する事項	取締役　　　　　登　記　　太　郎	平成26年 6 月 1 日重任
		平成26年 6 月 5 日登記
	取締役　　　　　登　記　　次　郎	平成26年 6 月 1 日重任
		平成26年 6 月 5 日登記
	取締役　　　　　登　記　　次　郎	平成26年 6 月 1 日重任
		平成26年 6 月 5 日登記
	◇◇県△△市二丁目23番 4 代表取締役　　　登　記　　太　郎	平成26年 6 月 1 日重任
		平成26年 6 月 5 日登記
	監査役　　　　　登　記　　花　子	平成26年 6 月 1 日重任
		平成26年 6 月 5 日登記
取締役会設置会社に関する事項	取締役会設置会社	
		平成17年法律第87号第136条の規定により平成18年 5 月 1 日登記
監査役設置会社に関する事項	監査役設置会社	
		平成17年法律第87号第136条の規定により平成18年 5 月 1 日登記
登記記録に関する事項	平成18年 5 月 1 日◇◇県△△市二丁目23番 4 から本店移転	
		平成18年 5 月31日登記

これは登記簿に記録されている現に効力を有する事項の全部であることを証明した書面である。
（○○法務局管轄）
　　　　　　　　令和 3 年10月 1 日
　　　　　　　○○法務局△△支局

登記官　　　　　　　　　法　務　一　郎　　印

整理番号　ア12××××　　　米　下線のあるものは抹消事項であることを示す。　　　2/2

3　具体的な所有者探索の方法

＜1＞　所有者を把握するための措置（地税令49の2Ⅰ・Ⅱ関係）

Q　固定資産の所有者と思料される固定資産の所有者と考えられる者について調査をどのように行っていくのでしょうか。

ポイント

　具体的な所有者探索の方法として，まず，その固定資産の登記事項証明書の交付を請求していくことが必要です。

A　固定資産の所有者と思料される者を把握するために，ガイドラインでは，まず，その固定資産（償却資産を除く。）の登記事項証明書の交付を請求することを掲げている（地税令49の2①Ⅰ）。

　すなわち，不動産登記は，土地や建物の所在・面積，所有者の住所・氏名，担保権の有無といった権利関係などを登記官が公の帳簿である不動産登記簿に記録し，権利関係などの状況を公示することで，取引の安全と円滑を図る役割を果たしている。このような登記簿に関する事項について，コンピュータ化された登記簿に記録されている事項の全部又は一部を証明した書面を「登記事項証明書」という。従来，登記簿の内容を証明したものとして「登記簿謄本（抄本）」があるが，これは，登記所のコンピュータ化に伴って閉鎖された登記簿など，コンピュータで管理されていない登記簿について，謄本（登記用紙の全部を謄写したもの）又は抄本（登記用紙の一部だけを謄写したもの）として交付する証明書のことをいう（現在，すべての登記所がコンピュータ化されている。）。このように登記事項証明書と登記簿謄抄本は作成方法は重なるが，登記されている事

項を公示するという点では同じ効力を有する。

　登記記録は，1筆（1区画）の土地又は1個の建物ごとに「表題部」と「権利部」に区分して作成されている。権利部は「甲区」と「乙区」に区分され，「甲区」には所有権に関する登記事項が記録されている。乙区には所有権以外の権利に関する登記事項がそれぞれ記録されている。

　「表題部」の記録事項（表示に関する登記）は，土地の場合，所在・地番・地目（土地の現況）・地積（土地の面積）等であり，建物の場合，所在・家屋番号・種類・構造・床面積等である。マンションなどの区分建物については，その建物の敷地に関する権利（敷地権）が記録される場合があり，敷地権についての権利関係は，区分建物の甲区・乙区の登記によって公示される。

　権利部（甲区）の記録事項は所有者に関する事項で，所有者名・取得日・取得原因（売買，相続等）で所有権を取得したかが分かる（所有権の移転の登記，所有権に関する仮登記・差押え・仮処分など）。権利部（乙区）の記録事項は抵当権など所有権以外の権利に関する事項が記録されている（抵当権設定・地上権設定・地役権設定の登記等）。

　なお，登記事項証明書の交付を請求する場合には，一般的には手数料を納めることが必要となるが，自治体の職員が職務上請求する場合（公用請求）には，その手数料納付が免除されている（登記手数料令19）。公用による交付申請の際は，収入印紙欄に収入印紙を貼付する代わりに同欄内に「登記手数料令第19条により免除」等と付記することなどになる。

　また，その固定資産の使用者と思料される者については，現地調査により，その固定資産を現に使用しているかについて確認する必要がある。その他のその固定資産に係る所有者情報（固定資産の所有者の住所及び氏名又は名称その他のその固定資産の所有者の存在を明らかにするために必要な情報（所有者と思料される者の生死・

解散を確認するための措置）を保有すると思料される者に対し，その所有者情報の提供を求めることが必要である。

＜2＞　所有者の生死又は法人の解散等を確認するための措置（地税令49の2Ⅲ・Ⅳ関係）

Q 固定資産の所有者の生死等を確認するための調査をどのように行っていくのでしょうか。

ポイント

　固定資産の所有者の生死等を確認するための調査については，「固定資産の所有者と思料される者」について現地調査により，その固定資産を現に使用しているかについて確認する必要があります。

　また，「その他の当該固定資産に係る所有者情報を保有すると思料される者」に対しては，固定資産の所有者の住所及び氏名又は名称その他のその固定資産の所有者の存在を明らかにするために必要な情報を求める必要があります。

A 所有者の生死又は解散している場合の相続人又は合併法人等の有無及びその生死・解散を確認するための措置として，ガイドラインでは，登記事項証明書に記載されている所有権の登記名義人又は表題部所有者その他の措置により判明したその固定資産の所有者と思料される者（以下「登記名義人等」という。）が記録されていると思料される住民基本台帳，外国人登録原票，法人登記簿その他の書類を備える市町村の長，出入国在留管理庁の長である出入国在留管理庁長官又は登記所の登記官に対し，その登記名義人等に係る所有者情報の提供を求めることになる。

　固定資産の所有者と思料される者を把握するためには，まず，その固定資産の所有者の生死等を確認するための調査については，現地調査により，その固定資産を現に使用しているかについて確認する必要がある，としている。

　現地調査については，まず，固定資産税の課税台帳上の所有者で

ある所有権登記名義人等と連絡が取れない場合や登記記録に記録された内容等の確認が必要な場合，あるいは法定相続人の特定ができなかった場合などは，対象となる現地の土地関係者への聞き取り調査を実施し，その所有権登記名義人等又は法定相続人に関する情報を収集する。この場合，所有権登記名義人等の親族，対象となる土地の近隣住民や集落代表者に対し聞き取り調査を行うほか，共有地の場合には連絡の取れる他の共有者などを対象として，所有権登記名義人等の転居先や連絡先などの聞き取りを行う。

　土地所有者の氏名や住所が書面上判明し，その者が書面上生存している場合には，土地所有者を特定するため，現地調査又は郵便調査により，居住確認調査を行う。居住確認で調査する内容は，土地所有者本人であるか（氏名，生年月日など），現在の住所での居住に間違いがないか，連絡が取れる電話番号等，他に土地に対して権利を有する者がいないか，仮に他に権利を有する者等が存在する場合には，その者の住所，氏名，連絡先等――となる。

　現地調査では，書面上の住所に居住の実態が確認できない場合，例えば，表札には対象者と同一の氏名があるものの，門扉や玄関の状況から長期間放置されているような状況であれば，その状況を写真に撮影して記録しておく（この記録は，家庭裁判所に不在者財産管理人の選任を申し立てる場合など，対象者が不在者であることを証明するものとして提出書類の一部となり得る。）。居住の形跡はあるものの，不在のため面談ができない場合には，話をしたい旨を記載した訪問連絡票などを，郵便受け等へ残すことが考えられる。

　登記名義人が法人である場合には，法人登記簿に加えて，その法人の代表者（又は清算人・破産管財人）の住民基本台帳等を確認することで，代表者の存在を確認する必要がある。なお，法人が法人登記簿上は存在し，消滅していないが，その事務所等の所在地を調査しても実態が確認できず，納税通知書等を有効に送達できない場合には，代表者が死亡又は存在が不明であれば，法人の存在は明ら

かではないものとして，その固定資産をみなす所有者課税の適用対象としても差し支えない，とされている。

＜3＞ 所有者と思料される者（個人）の場合に所有者であることを確認するための措置（地税令49の2Ⅴ関係）

Q 固定資産の所有者と思料される者が個人である場合に，所有者であることを確認するための調査をどのように行っていくのでしょうか。

ポイント

固定資産税の所有者の生死等調査の措置により判明したその固定資産の所有者と思料される者が個人である場合には，その個人又は官公署に対して，その固定資産の所有者を特定するための書面の送付その他の総務省令で定める措置をとることになります。

A 固定資産の所有者調査の措置により判明したその固定資産の所有者と思料される者が個人である場合には，その個人又は官公署に対して，その固定資産の所有者を特定するための書面の送付その他の総務省令で定める措置をとることが必要である。

この固定資産の所有者を特定するための措置は，調査により判明した登記名義人等の相続人について，相続の放棄や廃除等の有無を確認するための措置であるとされ，官公署と所有者のいずれかに対して実施すれば足りることとしている。

なお，その措置を官公署に対して実施する場合には，家庭裁判所に対して，書面により確認する方法が考えられること。また，その措置を所有者に対して実施する場合には，書面の送付と訪問のいずれかの方法により確認することとしているが，その際，相続の放棄等の事実を証する書類（相続放棄受理証明書等）の提示を求めることが望ましいとされる。

4　その他の問題

＜1＞　課税後に所有者が判明した場合等の取扱い

Q 固定資産の所有者とみなす使用者に課税した後に所有者が判明した場合，あるいは使用者が死亡した場合等の取扱いはどのようになるのでしょうか。

ポイント

みなす所有者課税後に所有者が判明した場合においても，その所有者探索が政令に定める要件を満たし，適正に行われている場合には，課税後に所有者が判明しても賦課決定を取り消す必要はありません。また，使用者が死亡した場合，当然にその相続人に翌年度以降の納税義務が生じるものではありません。

A 固定資産の所有者とみなす使用者に課税した場合に，課税後，所有者が判明した場合についてであるが，ガイドラインでは，市町村が行う所有者探索が，令49条の２及び規則10条の２の12から10条の２の14までに規定する要件を満たし，適正に行われている場合，課税後に所有者が判明しても各年度の課税は有効であり，賦課決定を取り消す必要はない，としている。

ただし，ガイドラインではこれらの要件を満たしていなかった場合には，使用者への課税は無効となり，過年度分についても真の所有者に課税することが必要となる場合があり得ること，としている。

また，みなす課税を行った場合の固定資産課税台帳への登録翌年度以降の取扱いについては，所有者探索については，原則として登録初年度にのみ行えば足りるものであるが，使用の実態については，毎年度変化する可能性があるため，毎年度調査を行う必要があるとされ，みなす課税については調査を行った上で固定資産課税台帳へ

の登録を継続することになる。

　このように使用者については，毎年度，その事実を認定するものであることから，使用者が死亡した場合，当然にその相続人に翌年度以降の納税義務が生じるものではなく，毎年度の賦課期日時点の使用者が納税義務者となること。また，賦課期日後に死亡した場合は，その年度の課税は有効であり，相続人が納税義務を承継するものであること，とされている（地税法9）。

＜2＞　みなす所有者に対する滞納処分

Q 固定資産の所有者とみなす使用者に課税した場合，その固定資産税が滞納になったときは，滞納処分は可能でしょうか。

ポイント

所有者とみなす使用者については，その使用する固定資産の所有権を有していないことから，滞納処分においてその固定資産の差押えはできません。

A 固定資産の所有者とみなす使用者に課税した場合に，そのみなす使用者が滞納になった場合，滞納処分はどうなるか。

固定資産税に係る滞納処分を規定する地方税法は，固定資産税に係る滞納者が督促を受け，その督促状を発した日から起算して10日を経過した日までにその督促に係る固定資産税に係る地方団体の徴収金を完納しないときなどに該当するときは，市町村の徴税吏員は，その固定資産税に係る地方団体の徴収金につき，滞納者の財産を差し押さえなければならない，と規定する（地税法373）。

これにつき，ガイドラインでは，所有者とみなす使用者は，その使用する固定資産についての所有権を有していないことから，所有者とみなす使用者に対する滞納処分においては，その固定資産の差押えはできないものとされている。

なお，このことについて，過去の実例では次のようなものがある。

○　みなす所有者に賦課した固定資産税の滞納処分について

問　固定資産（家屋）の所有者の氏名不明のものおよび氏名は判るが住所が不明のもの等につき法第343条第4項の規定によりその使用者を所有者とみなし家屋補充課税台帳に登録し，賦課期日現在に至っても所有者の所在が判明しないためそのみなす所有者に

固定資産税を賦課したところ一部の者の滞納について，差押を執行するに当たり，次のいずれかが正しいかご教示ください。

甲説　みなす所有者に賦課しているものであるので動産電話加入権（給与）等の差押はできるが，課税客体である家屋に対する不動産差押はできないものである。

乙説　たとえみなす所有者に課税したものであっても，課税客体である家屋を職権登録すれば不動産差押もできるし，なお，納税せぬ場合は公売処分も可能である。

答　甲説お見込の通りです。

これで解決！
所有者不明土地の
固定資産税実務
Q&A

地方税制実務検討グループ［編著］

ぎょうせい

はじめに

　現在，人口減少・高齢化の進展に伴う土地利用ニーズの低下等を背景に，公簿情報等を調査しても所有者の所在把握が難しい「所有者不明土地」等が全国的に増加しています。所有者不明土地問題研究会がまとめた（一財）国土計画協会報告書によれば，平成28年時点で，全国の所有者不明土地の面積は九州本島を上回る約410万 ha と推計されており，今後，巨額の経済的損失を招き，インフラ整備等において重大な支障となりかねないといわれております。このように，「所有者不明土地」問題の解決は，我が国の行政において喫緊の課題となっています。

　このような中，令和2（2020）年度税制改正において新設された地方税法343条5項により，固定資産税に係る所有者不明土地課税制度が新設されました。

　この新しい制度は，地方税法施行令及び施行規則に規定する探索を尽くしても所有者の存在が一人も明らかとならない場合に限り適用されるものですが，その具体的なガイドラインとして，令和2年9月，「地方税法第343条第5項の規定の適用に係る留意事項について」（令和2年9月4日付け総税固第52号，各都道府県市町村税担当課長・東京都総務局市町村税担当課長・主税局固定資産税担当課長あて総務省自治税務局固定資産税課長通知）が発出されました。

　所有者課税の例外である，この新たな「みなす所有者課税」の制度につきましては，市町村による探索による調査事務等が難解・煩雑なものとなっております。

　そこで本書は，市町村の固定資産税担当者を対象として，総務省ガイドラインに沿って，課税する際のポイントをさらに嚙み砕き，

実際的な処理方法にも触れながら，わかりやすく解説することに努めたものです。本書が所有者不明土地問題の解消の一助となれば幸いです。

令和3年10月

地方税制実務検討グループ

＜3＞ 「所有者不明土地」に係る民法等の改正

Q 所有者不明土地に係る民法・不動産登記法が改正されたということですが，固定資産税における所有者不明土地等の実務にどのような影響がありますか。

ポイント

　所有者不明土地の「発生の予防」の観点から，不動産登記法を改正し，これまで任意とされていた相続登記や住所等変更登記の申請を義務化，手続の簡素化・合理化策を行うとともに，相続等によって土地の所有権を取得した者が，法務大臣の承認を受けてその土地の所有権を国庫に帰属させる制度を創設することとなりました。また，所有者不明土地の「利用の円滑化」を図る観点から，民法等を改正し，所有者不明土地の管理に特化した所有者不明土地管理制度が創設されます。

A 令和3年4月21日，「民法等の一部を改正する法律」（令和3年法律第24号，以下「民法等一部改正法」）及び「相続等により取得した土地所有権の国庫への帰属に関する法律」（令和3年法律第25号，以下「相続土地国庫帰属法」）が成立した（同月28日公布）。

　両法律は，所有者不明土地の「発生の予防」と「利用の円滑化」の両面から，総合的に民事基本法制の見直しを行うもので，まず，「発生の予防」の観点から，不動産登記法を改正し，これまで任意とされていた相続登記や住所等変更登記の申請を義務化しつつ，それらの手続の簡素化・合理化策をパッケージで盛り込むこととしている。そして新法を制定し，相続等によって土地の所有権を取得した者が，法務大臣の承認を受けてその土地の所有権を国庫に帰属させる制度を創設することとしたところである。

また，「利用の円滑化」を図る観点から，民法等を改正し，所有者不明土地の管理に特化した所有者不明土地管理制度を創設するなどの措置を講じることとしている。

■民法等一部改正法及び相続土地国庫帰属法の概要

1 登記がされるようにするための不動産登記制度の見直し

⇒ 発生予防

○相続登記，住所変更登記の申請義務化

所有権の登記名義人に対し，住所等の変更日から2年以内にその変更登記の申請をすることを義務付ける（正当な理由のない申請漏れには過料の罰則あり）ほか，他の公的機関から取得した情報に基づき，登記官が職権的に変更登記をする新たな方策も導入する。

○相続登記，住所変更登記の手続の簡素化・合理化など

＜自然人の場合＞

① 登記申請の際には，氏名・住所のほか，生年月日等の「検索用情報」の申出を行う。

② 登記官が，検索用情報等を用いて住民基本台帳ネットワークシステムに対して照会し，所有権の登記名義人の氏名・住所等の異動情報を取得する。

③ 登記官が，取得した情報に基づき，登記名義人に住所等の変更の登記をすることについて確認をとった上で，変更の登記をする。

＜法人の場合＞

① 法人が所有権の登記名義人となっている不動産について，会社法人等番号を登記事項に追加する。

② 法人・商業登記システムから不動産登記システムに対し，名称や住所を変更した法人の情報を通知する。

③ 取得した情報に基づき，登記官が変更の登記をする。

2 土地を手放すための制度（相続土地国庫帰属制度）の創設

⇒ 発生予防

○相続等により土地の所有権を取得した者が，法務大臣の承認を受

けてその土地の所有権を国庫に帰属させることができる制度を創設

　相続又は遺贈（相続人に対する遺贈に限る。）により取得した土地を手放して，国庫に帰属させることを可能とする制度を創設する。ただし，管理コストの国への転嫁や土地の管理をおろそかにするモラルハザードが発生するおそれを考慮して，一定の要件（詳細は政省令で規定）を設定し，法務大臣が要件を審査する。

3　土地利用に関連する民法の規律の見直し

⇒　<u>土地利用の円滑化</u>

○所有者不明土地・管理制度等の創設

　個々の所有者不明土地・建物の管理に特化した新たな財産管理制度を創設する。新制度では，裁判所が管理命令を発令し，管理人を選任（裁判所の許可があれば売却も可）し，相続財産を適切に管理する仕組みを創設することで，所有者不明土地・建物の管理を効率化・合理化していく。

○共有者が不明な場合の共有地の利用の円滑化

　裁判所の関与の下で，次の制度が創設される。

①　不明共有者等に対して公告等をした上で，残りの共有者同意で，共有物の変更行為や管理行為を可能にする制度を創設する。

②　不明共有者の持分の価額に相当する額の金銭の供託により，不明共有者の共有持分を取得して不動産の共有関係を解消する仕組みを創設する。

○長期間経過後の遺産分割の見直しなど

　相続開始から10年を経過したときは，個別案件ごとに異なる具体的相続分による分割の利益を消滅させ，画一的な法定相続分で簡明に遺産分割を行う仕組みを創設する。この改正の中で，ライフラインを自己の土地に引き込むための導管等の設備を他人の土地に設置する権利を明確化し，隣地所有者不明状態にも対応できる仕組みも整備する。

4　施行期日等

　両法律の施行期日は，原則として公布（令和3年4月28日）後2年以内の政令で定める日（相続登記の申請の義務化関係の改正については公布後3年，住所等変更登記の申請の義務化関係の改正については公布後5年以内の政令で定める日）とされている。

※政令は未制定

<財産管理制度の相互関係について>

　新制度において，土地の所有者の所在が不明の場合には，不在者財産管理制度等の既存の財産管理制度と，新たに設けた所有者不明土地管理制度の要件をいずれも満たし得る。加えて，土地が管理不全状態にもあるときは，管理不全土地管理制度の要件をも満たすことになる。どの財産管理制度を利用するかは，手続の目的，対象となる財産の状況や，管理人の権限等の違いを踏まえ，個別事案に応じて，適切な制度を申立人自身で適宜選択することが想定される。

　なお，表題部所有者不明土地については，法務局による探索の結果，表題部所有者として登記すべき者がない旨の登記がされる前で

	管理の対象	管理命令に関する裁判所の手続				管理人の権限等		
		管轄裁判所	公告	所有者の陳述聴取	管理命令の登記の嘱託	権限の専属	土地を処分する場合	遺産分割への参加の可否
不在者財産管理制度	不在者の財産全般	不在者の従来の住所地・居住地の家庭裁判所		―	―	―	裁判所の許可	○
所有者不明土地管理制度	個々の所有者不明土地※1	土地の所在地の地方裁判所	○	―	○	○	裁判所の許可	×
管理不全土地管理制度	個々の管理不全土地※2	土地の所在地の地方裁判所	―	○ ※3	―	―	所有者の同意＋裁判所の許可	×

※1，※2土地にある動産を含む。
※3管理不全土地管理命令の手続においては，原則として所有者の陳述聴取が必要であるが，これにより申立ての目的を達することができない事情があるときは，これを不要としている（新非訟事件手続法91③Ⅰ）。

あれば，所有者不明土地管理制度を利用することになり，その旨の登記がされた後であれば，表題部所有者不明土地法に基づく管理制度によって対応することとなる（新表題部所有者不明土地法32①）。

Ⅲ　資料編

◆地方税法（昭和25年法律第226号）（抄）

（相続による納税義務の承継）

第9条　相続（包括遺贈を含む。以下本章において同じ。）があつた場合には，その相続人（包括受遺者を含む。以下本章において同じ。）又は民法（明治29年法律第89号）第951条の法人は，被相続人（包括遺贈者を含む。以下本章において同じ。）に課されるべき，又は被相続人が納付し，若しくは納入すべき地方団体の徴収金（以下本章において「被相続人の地方団体の徴収金」という。）を納付し，又は納入しなければならない。ただし，限定承認をした相続人は，相続によって得た財産を限度とする。

2　前項の場合において，相続人が二人以上あるときは，各相続人は，被相続人の地方団体の徴収金を民法第900条から第902条までの規定によるその相続分によりあん分して計算した額を納付し，又は納入しなければならない。

3　前項の場合において，相続人のうちに相続によって得た財産の価額が同項の規定により納付し，又は納入すべき地方団体の徴収金の額をこえている者があるときは，その相続人は，そのこえる価額を限度として，他の相続人が同項の規定により納付し，又は納入すべき地方団体の徴収金を納付し，又は納入する責に任ずる。

4　前三項の規定によって承継する義務は，当該義務に係る申告又は報告の義務を含むものとする。

（相続人からの徴収の手続）

第9条の2　納税者又は特別徴収義務者（以下本章（第13条を除く。）においては，第11条第1項に規定する第二次納税義務者及び第16条第1項第6号に規定する保証人を含むものとする。）につき相続があつた場合において，その相続人が二人以上あるときは，これらの相続人は，そのうちから被相続人の地方団体の徴収

金の賦課徴収（滞納処分を除く。）及び還付に関する書類を受領する代表者を指定することができる。この場合において，その指定をした相続人は，その旨を地方団体の長に届け出なければならない。

2　地方団体の長は，前項前段の場合において，すべての相続人又はその相続分のうちに明らかでないものがあり，かつ，相当の期間内に同項後段の届出がないときは，相続人の一人を指定し，その者を同項に規定する代表者とすることができる。この場合において，その指定をした地方団体の長は，その旨を相続人に通知しなければならない。

3　前二項に定めるもののほか，第１項に規定する代表者の指定に関し必要な事項は，政令で定める。

4　被相続人の地方団体の徴収金につき，被相続人の死亡後その死亡を知らないでその者の名義でした賦課徴収又は還付に関する処分で書類の送達を要するものは，その相続人の一人にその書類が送達された場合に限り，当該被相続人の地方団体の徴収金につきすべての相続人に対してされたものとみなす。

　　（略）

（事業者等への協力要請）

第20条の11　徴税吏員は，この法律に特別の定めがあるものを除くほか，地方税に関する調査について必要があるときは，事業者（特別の法律により設立された法人を含む。）又は官公署に，当該調査に関し参考となるべき簿書及び資料の閲覧又は提供その他の協力を求めることができる。

（固定資産税の納税義務者等）

第343条　固定資産税は，固定資産の所有者（質権又は100年より永い存続期間の定めのある地上権の目的である土地については，そ

の質権者又は地上権者とする。以下固定資産税について同様とする。）に課する。

2　前項の所有者とは，土地又は家屋については，登記簿又は土地補充課税台帳若しくは家屋補充課税台帳に所有者（区分所有に係る家屋については，当該家屋に係る建物の区分所有等に関する法律第2条第2項の区分所有者とする。以下固定資産税について同様とする。）として登記又は登録がされている者をいう。この場合において，所有者として登記又は登録がされている個人が賦課期日前に死亡しているとき，若しくは所有者として登記又は登録がされている法人が同日前に消滅しているとき，又は所有者として登記されている第348条第1項の者が同日前に所有者でなくなっているときは，同日において当該土地又は家屋を現に所有している者をいうものとする。

3　第1項の所有者とは，償却資産については，償却資産課税台帳に所有者として登録されている者をいう。

4　市町村は，固定資産の所有者の所在が震災，風水害，火災その他の事由により不明である場合には，その使用者を所有者とみなして，固定資産課税台帳に登録し，その者に固定資産税を課することができる。この場合において，当該市町村は，当該登録をしようとするときは，あらかじめ，その旨を当該使用者に通知しなければならない。

5　市町村は，相当な努力が払われたと認められるものとして政令で定める方法により探索を行つてもなお固定資産の所有者の存在が不明である場合（前項に規定する場合を除く。）には，その使用者を所有者とみなして，固定資産課税台帳に登録し，その者に固定資産税を課することができる。この場合において，当該市町村は，当該登録をしようとするときは，あらかじめ，その旨を当該使用者に通知しなければならない。

6　農地法第45条第1項若しくは農地法等の一部を改正する法律

（平成21年法律第57号）附則第8条第1項の規定によりなお従前の例によることとされる同法第1条の規定による改正前の農地法第78条第1項の規定により農林水産大臣が管理する土地又は旧相続税法（昭和22年法律第87号）第52条，相続税法第41条若しくは第48条の2，所得税法の一部を改正する法律（昭和26年法律第63号）による改正前の所得税法第57条の4，戦時補償特別措置法（昭和21年法律第38号）第23条若しくは財産税法（昭和21年法律第52号）第56条の規定により国が収納した農地については，買収し，又は収納した日から国が当該土地又は農地を他人に売り渡し，その所有権が売渡しの相手方に移転する日までの間はその使用者をもって，その日後当該売渡しの相手方が登記簿に所有者として登記される日までの間はその売渡しの相手方をもって，それぞれ第1項の所有者とみなす。

7　土地区画整理法による土地区画整理事業（農住組合法第8条第1項の規定により土地区画整理法の規定が適用される農住組合法第7条第1項第1号の事業及び密集市街地における防災街区の整備の促進に関する法律第46条第1項の規定により土地区画整理法の規定が適用される密集市街地における防災街区の整備の促進に関する法律第45条第1項第1号の事業並びに大都市地域における住宅及び住宅地の供給の促進に関する特別措置法による住宅街区整備事業を含む。以下この項において同じ。）又は土地改良法による土地改良事業の施行に係る土地については，法令若しくは規約等の定めるところにより仮換地，一時利用地その他の仮に使用し，若しくは収益することができる土地（以下この項，第349条の3の3第3項及び第381条第8項において「仮換地等」と総称する。）の指定があった場合又は土地区画整理法による土地区画整理事業の施行者が同法第100条の2（農住組合法第8条第1項及び密集市街地における防災街区の整備の促進に関する法律第46条第1項において適用する場合並びに大都市地域における住宅及

び住宅地の供給の促進に関する特別措置法第83条において準用する場合を含む。）の規定により管理する土地で当該施行者以外の者が仮に使用するもの（以下この項及び第381条第8項において「仮使用地」という。）がある場合には，当該仮換地等又は仮使用地について使用し，又は収益することができることとなった日から換地処分の公告がある日又は換地計画の認可の公告がある日までの間は，仮換地等にあっては当該仮換地等に対応する従前の土地について登記簿又は土地補充課税台帳に所有者として登記又は登録がされている者をもって，仮使用地にあっては土地区画整理法による土地区画整理事業の施行者以外の仮使用地の使用者をもって，それぞれ当該仮換地等又は仮使用地に係る第1項の所有者とみなし，換地処分の公告があった日又は換地計画の認可の公告があった日から換地又は保留地を取得した者が登記簿に当該換地又は保留地に係る所有者として登記される日までの間は，当該換地又は保留地を取得した者をもって当該換地又は保留地に係る同項の所有者とみなすことができる。

8　公有水面埋立法（大正10年法律第57号）第23条第1項の規定により使用する埋立地若しくは干拓地（以下この項において「埋立地等」という。）又は国が埋立て若しくは干拓により造成する埋立地等（同法第42条第2項の規定による通知前の埋立地等に限る。以下この項において同じ。）で工作物を設置し，その他土地を使用する場合と同様の状態で使用されているもの（埋立て又は干拓に関する工事に関して使用されているものを除く。）については，これらの埋立地等をもって土地とみなし，これらの埋立地等のうち，都道府県，市町村，特別区，これらの組合，財産区及び合併特例区（以下この項において「都道府県等」という。）以外の者が同法第23条第1項の規定により使用する埋立地等にあっては，当該埋立地等を使用する者をもって当該埋立地等に係る第1項の所有者とみなし，都道府県等が同条第1項の規定により使用し，

又は国が埋立て若しくは干拓により造成する埋立地等にあっては，都道府県等又は国が当該埋立地等を都道府県等又は国以外の者に使用させている場合に限り，当該埋立地等を使用する者（土地改良法第87条の２第１項の規定により国又は都道府県が行う同項第１号の事業により造成された埋立地等を使用する者で政令で定めるものを除く。）をもって当該埋立地等に係る第１項の所有者とみなし，これらの埋立地等が隣接する土地の所在する市町村をもってこれらの埋立地等が所在する市町村とみなして固定資産税を課することができる。

9　信託会社（金融機関の信託業務の兼営等に関する法律（昭和18年法律第43号）により同法第１条第１項に規定する信託業務を営む同項に規定する金融機関を含む。以下この項において同じ。）が信託の引受けをした償却資産で，その信託行為の定めるところにしたがい当該信託会社が他の者にこれを譲渡することを条件として当該他の者に賃貸しているものについては，当該償却資産が当該他の者の事業の用に供するものであるときは，当該他の者をもって第１項の所有者とみなす。

10　家屋の附帯設備（家屋のうち附帯設備に属する部分その他総務省令で定めるものを含む。）であって，当該家屋の所有者以外の者がその事業の用に供するため取り付けたものであり，かつ，当該家屋に付合したことにより当該家屋の所有者が所有することとなつたもの（以下この項において「特定附帯設備」という。）については，当該取り付けた者の事業の用に供することができる資産である場合に限り，当該取り付けた者をもって第１項の所有者とみなし，当該特定附帯設備のうち家屋に属する部分は家屋以外の資産とみなして固定資産税を課することができる。

（徴税吏員等の固定資産税に関する調査に係る質問検査権）
第353条　市町村の徴税吏員，固定資産評価員又は固定資産評価補

助員は，固定資産税の賦課徴収に関する調査のために必要がある場合においては，次に掲げる者に質問し，又は第1号若しくは第2号の者の事業に関する帳簿書類（その作成又は保存に代えて電磁的記録（電子的方式，磁気的方式その他の人の知覚によっては認識することができない方式で作られる記録であって，電子計算機による情報処理の用に供されるものをいう。）の作成又は保存がされている場合における当該電磁的記録を含む。次条第1項第1号及び第2号，第396条第1項，第396条の2第1項第6号並びに第397条第1項第1号及び第2号において同じ。）その他の物件を検査し，若しくは当該物件（その写しを含む。）の提示若しくは提出を求めることができる。

一　納税義務者又は納税義務があると認められる者

二　前号に掲げる者に金銭又は物品を給付する義務があると認められる者

三　前2号に掲げる者以外の者で当該固定資産税の賦課徴収に関し直接関係があると認められる者

2　前項第1号に掲げる者を分割法人（分割によりその有する資産及び負債の移転を行った法人をいう。以下本項及び第396条第2項において同じ。）とする分割に係る分割承継法人（分割により分割法人から資産及び負債の移転を受けた法人をいう。以下本項及び第396条第2項において同じ。）及び同号に掲げる者を分割承継法人とする分割に係る分割法人は，前項第2号に規定する金銭又は物品を給付する義務があると認められる者に含まれるものとする。

3　第1項の場合においては，当該徴税吏員，固定資産評価員又は固定資産評価補助員は，その身分を証明する証票を携帯し，関係人の請求があったときは，これを提示しなければならない。

4　市町村の徴税吏員，固定資産評価員又は固定資産評価補助員は，政令で定めるところにより，第1項の規定により提出を受けた物

件を留め置くことができる。

5　固定資産税に係る滞納処分に関する調査については，第1項の規定にかかわらず，第373条第7項の定めるところによる。

6　第1項又は第4項の規定による市町村の徴税吏員，固定資産評価員又は固定資産評価補助員の権限は，犯罪捜査のために認められたものと解釈してはならない。

第384条の3　市町村長は，その市町村内の土地又は家屋について，登記簿又は土地補充課税台帳若しくは家屋補充課税台帳に所有者として登記又は登録がされている個人が死亡している場合における当該土地又は家屋を所有している者（以下この条及び第386条において「現所有者」という。）に，当該市町村の条例で定めるところにより，現所有者であることを知った日の翌日から三月を経過した日以後の日までに，当該現所有者の住所及び氏名又は名称その他固定資産税の賦課徴収に関し必要な事項を申告させることができる。

（固定資産に係る虚偽の申告等に関する罪）

第385条　第383条から前条までの規定により申告すべき事項について虚偽の申告をした者は，1年以下の懲役又は50万円以下の罰金に処する。

2　法人の代表者又は法人若しくは人の代理人，使用人その他の従業者がその法人又は人の業務又は財産に関して前項の違反行為をした場合には，その行為者を罰するほか，その法人又は人に対し，同項の罰金刑を科する。

（固定資産に係る不申告に関する過料）

第386条　市町村は，固定資産の所有者（第343条第9項及び第10項の場合には，これらの規定により所有者とみなされる者とする。

第393条及び第394条において同じ。）が第383条若しくは第384条の規定により，又は現所有者が第384条の3の規定により申告すべき事項について正当な事由がなくて申告をしなかった場合には，その者に対し，当該市町村の条例で10万円以下の過料を科する旨の規定を設けることができる。

附　則
（土地課税台帳等の登録事項等の特例）
第28条　附則第18条，第19条第1項又は第19条の4の規定の適用を受ける土地に係る令和3年度から令和5年度までの各年度分の固定資産税に限り，市町村長は，第381条及び附則第15条の5に定めるもののほか，次の各号に掲げる土地の区分に応じ，当該各号に定める額を土地課税台帳等に登録するほか，当該土地が当該年度において新たに固定資産税を課されることとなる場合又は当該年度に係る賦課期日において当該土地につき地目の変換等がある場合には，当該年度においては，当該土地の比準課税標準額（当該土地に係る比準課税標準額が2以上ある場合には，これらの合算額）を土地課税台帳等に登録しなければならない。

一　調整対象宅地等　当該調整対象宅地等に係る当該年度分の宅地等調整固定資産税額，商業地等据置固定資産税額又は商業地等調整固定資産税額の算定の基礎となる課税標準となるべき額

二　調整対象農地　当該調整対象農地に係る当該年度分の農地調整固定資産税額の算定の基礎となる課税標準となるべき額

三　調整対象市街化区域農地　当該調整対象市街化区域農地に係る当該年度分の市街化区域農地調整固定資産税額の算定の基礎となる課税標準となるべき額

2　前項の場合において，次の各号に掲げる宅地等に係る固定資産税については，市町村長は，同項第1号に定める額に代えて，次の各号に掲げる宅地等の区分に応じ当該各号に定める合算額を土

地課税台帳等に登録するものとする。

一　調整対象宅地等である小規模住宅用地である部分，一般住宅用地である部分又は非住宅用宅地等である部分（以下この項において「調整部分」という。）及び調整部分以外の部分（以下この項において「非調整部分」という。）を併せ有する宅地等　当該年度分の当該宅地等の調整部分に係る前項第1号に定める額（2以上の調整部分を有する宅地等にあっては，当該調整部分に係る同号に定める額を合算した額）及び当該年度分の当該宅地等の非調整部分に係る固定資産税の課税標準額の合算額

二　2以上の調整部分を有する宅地等で非調整部分を有しないもの　当該年度分の当該調整部分に係る前項第1号に定める額の合算額

3　附則第19条の3の規定の適用を受ける市街化区域農地（附則第19条の4の規定の適用を受ける市街化区域農地を除く。）に係る各年度分の固定資産税に限り，市町村長は，第381条及び附則第15条の5に定めるもののほか，当該市街化区域農地については，附則第19条の3第1項（同条第3項において準用する場合を含む。）又は第4項に規定するその年度分の課税標準となるべき額を土地課税台帳等に登録しなければならない。

4　令和4年度分又は令和5年度分の固定資産税に限り，市町村長は，土地課税台帳等に登録された土地のうち当該年度分の固定資産税について附則第17条の2第1項の規定の適用を受けるものについては，土地課税台帳等にその旨を明らかにする表示をしなければならない。

〇地方税法施行令（昭和25年政令第245号）（抄）

（法第343条第5項の所有者の探索の方法）

第49条の2　法第343条第5項に規定する政令で定める方法は，固定資産の所有者の住所及び氏名又は名称その他の当該固定資産の所有者の存在を明らかにするために必要な情報（第2号から第4号までにおいて「所有者情報」という。）を取得するため次に掲げる措置をとる方法とする。

一　当該固定資産（償却資産を除く。）の登記事項証明書の交付を請求すること。

二　当該固定資産の使用者と思料される者その他の当該固定資産に係る所有者情報を保有すると思料される者であって総務省令で定めるものに対し，当該所有者情報の提供を求めること。

三　第1号の登記事項証明書に記載されている所有権の登記名義人又は表題部所有者その他の前二号の措置により判明した当該固定資産の所有者と思料される者（以下この号及び次号において「登記名義人等」という。）が記録されていると思料される住民基本台帳，登録原票（出入国管理及び難民認定法及び日本国との平和条約に基づき日本の国籍を離脱した者等の出入国管理に関する特例法の一部を改正する等の法律（平成21年法律第79号）附則第33条の規定により法務大臣に送付された同法附則第17条第1項に規定する登録原票をいう。次号において同じ。），法人の登記簿その他の総務省令で定める書類を備える市町村の長，出入国在留管理庁の長である出入国在留管理庁長官又は登記所の登記官に対し，当該登記名義人等に係る所有者情報の提供を求めること。

四　登記名義人等が死亡し，又は解散していることが判明した場合には，当該登記名義人等又はその相続人，合併後存続し，若しくは合併により設立された法人その他の当該固定資産の所有

者と思料される者が記録されていると思料される戸籍簿若しく
は除籍簿又は戸籍の附票，登録原票，法人の登記簿その他の総
務省令で定める書類を備える市町村の長，出入国在留管理庁の
長である出入国在留管理庁長官又は登記所の登記官に対し，当
該固定資産に係る所有者情報の提供を求めること。

五　前号の措置により判明した当該固定資産の所有者と思料され
る者が個人である場合には，当該個人又は官公署に対して，当
該固定資産の所有者を特定するための書面の送付その他の総務
省令で定める措置をとること。

○地方税法施行規則（昭和29年総理府令第23号）（抄）

（政令第49条の2第2号の固定資産に係る所有者情報を保有すると思料される者）

第10条の2の12　政令第49条の2第2号の固定資産に係る所有者情報を保有すると思料される者であって総務省令で定めるものは，次に掲げるものとする。ただし，第2号及び第7号に掲げる者については，同条第1号から第4号までに掲げる措置により判明した者に限る。

一　当該固定資産の使用者と思料される者

二　当該固定資産に関し所有権以外の権利を有する者

三　当該固定資産が所在する土地の登記事項証明書の交付の請求及び政令第49条の2第1号から第4号までに掲げる措置により判明した当該土地に関し所有権その他の権利を有する者（当該固定資産が土地である場合には，当該土地にある物件の登記事項証明書の交付の請求及び同条第1号から第4号までに掲げる措置により判明した当該物件に関し所有権その他の権利を有する者）

四　当該固定資産が農地である場合には，当該農地が記載されていると思料される農地台帳を備える農業委員会

五　当該固定資産が森林の土地である場合には，当該森林の土地が記載されていると思料される林地台帳を備える市町村の長

六　当該固定資産が所有者の探索について特別の事情を有するものとして総務大臣が定める土地又は家屋である場合には，総務大臣が定める者

七　政令第49条の2第3号の登記名義人等又は同条第4号の固定資産の所有者と思料される者が合併以外の事由により解散した法人である場合には，当該法人の清算人又は破産管財人

（政令第49条の2第3号の登記名義人等が記録されていると思料される書類等）

第10条の2の13　政令第49条の2第3号の登記名義人等が記録されていると思料される書類であって総務省令で定めるものは，次に掲げる書類とする。

一　当該登記名義人等が日本国籍を有する個人である場合には，次に掲げる書類

　　イ　住民基本台帳

　　ロ　戸籍簿若しくは除籍簿又は戸籍の附票

二　当該登記名義人等が日本国籍を有しない個人である場合には，次に掲げる書類

　　イ　住民基本台帳

　　ロ　登録原票（政令第49条の2第3号に規定する登録原票をいう。次項第2号ロにおいて同じ。）

三　当該登記名義人等が法人である場合には，次に掲げる書類

　　イ　法人の登記簿（当該法人が地方自治法第260条の2第7項に規定する認可地縁団体である場合にあっては，地方自治法施行規則（昭和22年内務省令第29号）第21条第2項に規定する台帳）

　　ロ　当該法人の代表者（政令第49条の2第1号から第4号までの措置により判明した者に限る。次項第3号ロにおいて同じ。）が記録されていると思料される住民基本台帳及び戸籍簿若しくは除籍簿又は戸籍の附票（当該法人が合併以外の事由により解散した法人である場合には，当該法人の清算人又は破産管財人（同条第1号から第4号までの措置により判明した者に限る。次項第3号ロにおいて同じ。）が記録されていると思料される住民基本台帳及び戸籍簿若しくは除籍簿又は戸籍の附票）

2　政令第49条の2第4号の固定資産の所有者と思料される者が記

録されていると思料される書類であって総務省令で定めるものは，次に掲げる書類とする。

一　当該固定資産の所有者と思料される者が日本国籍を有する個人である場合には，戸籍簿若しくは除籍簿又は戸籍の附票

二　当該固定資産の所有者と思料される者が日本国籍を有しない個人である場合には，次に掲げる書類

　　イ　住民基本台帳

　　ロ　登録原票

三　当該固定資産の所有者と思料される者が法人である場合には，次に掲げる書類

　　イ　法人の登記簿

　　ロ　当該法人の代表者が記録されていると思料される住民基本台帳及び戸籍簿若しくは除籍簿又は戸籍の附票（当該法人が合併以外の事由により解散した法人である場合には，当該法人の清算人又は破産管財人が記録されていると思料される住民基本台帳及び戸籍簿若しくは除籍簿又は戸籍の附票）

（政令第49条の2第5号の固定資産の所有者を特定するための措置）

第10条の2の14　政令第49条の2第5号の固定資産の所有者と思料される個人又は官公署に対してとる所有者を特定するための措置であって総務省令で定めるものは，次に掲げるもののいずれかとする。

一　当該個人（未成年者である場合にあっては，その法定代理人を含む。次号において同じ。）に対する書面の送付

二　当該個人への訪問

三　官公署に対する書面の送付その他の措置

○地方税法の施行に関する取扱いについて（市町村税関係）（抄）

（平成22年4月1日　総税市第16号）（（改正）令和2年4月1日
総税市第17号　令和3年4月1日　総税市第14号）

第2　納税義務者

11　市町村が政令に定める方法により探索を行ってもなお固定資産の所有者の存在が不明である場合，その使用者を所有者とみなして固定資産課税台帳に登録し，課税することができるものであるが，この規定は，現実に当該資産を使用収益している者が存在しているにもかかわらず，所有者の存在が一人も特定できない場合には，原則どおり所有者を納税義務者とすれば誰にも課税できないこととなることから，こうした場合に限り，実質的にその固定資産の利益を享受している使用者に対し負担を求めることで課税の公平性を確保する必要がある場合に，課税庁の判断により課税することができることとしているものであること。したがって，住民票や戸籍等により所有者が明らかであるが，その住所が特定できない場合は，公示送達（法第20条の2）により納税の告知の効力を有効に生じさせることができるため，本規定を適用することはできないものであること。（法343④）

11の2　法第343条第4項又は第5項の規定により使用者を所有者とみなして固定資産課税台帳に登録するに当たっては，あらかじめ，その旨を当該使用者に通知しなければならないこととしているが，この通知は，使用者は，通常，固定資産税の納税義務があることを認識できないことを踏まえ，課税の予見可能性を高める趣旨で設けられた事前予告的な性格のものであること。（法343④・⑤）

○「地方税法第343条第５項の規定の適用に係る留意事項について」（ガイドライン）

令和２年９月４日（総税固第52号各都道府県市町村税担当課長東京都総務局市町村税担当課長・主税局固定資産税担当課長あて　総務省自治税務局固定資産税課長）

地方税法第343条第５項の規定の適用に係る留意事項について

　今般，地方税法等の一部を改正する法律（令和２年法律第５号）の制定に伴い拡大された使用者を所有者とみなす制度（改正後の地方税法（昭和25年法律第226号）第343条第５項）について，適用に当たって留意いただきたい事項を別紙のとおり整理しましたのでお知らせします。

　貴都道府県内市区町村に対してもこの旨周知するとともに，適切な助言・支援をお願いします。

　なお，本通知は，地方自治法（昭和22年法律第67号）第245条の４（技術的な助言）に基づくものです。

地方税法第343条第５項の規定の適用に係る留意事項について

（ガイドライン）

１．趣　　旨

　固定資産税は，資産の保有と市町村の行政サービスに一般的な受益関係が存在することに着目して課税する財産税であり，納税義務者は原則として当該固定資産の所有者となっている。そのため，所有者の存在が一人も明らかとならない場合は，所有者に対して課税できないこととなるが，当該固定資産を使用収益し，所有者と同程度の利益を享受している者が存在しているときは，実質的には当該使用者が当該固定資産の利益を享受しており，市町村の提供する行政サービスとの間に一般的な受益関係が存在すると認められるため，当該者に対し負担を求めることで課税の公平性を確保する必要があると考えられることから，当該固定資産の財産的な価値に応じて課税する財産税の考え方は維持しつつ，課税庁の判断により課税することができることとしたものである。

　これまでも，地方税法（以下「法」という。）第343条第４項においては，震災等の事由によって所有者の所在が不明の場合に，課税の公平性を確保する観点から当該固定資産を使用収益している者を所有者とみなして課税できることとしている規定があり，今回の措置についても同様の観点から措置したものである。

2．所有者の存在が不明である場合

(1)　基本的考え方

　1．の趣旨に照らし，課税庁が地方税法施行令（以下「令」という。）第49条の2及び地方税法施行規則（以下「規則」という。）第10条の2の12から第10条の2の14までに規定する探索を尽くしても所有者の存在が一人も明らかとならない場合に限り適用できるものである。したがって，所有者の所在が不明であるが，当該者の存在が公簿上明らかである場合は適用できないものである。

(2)　具体的な適用対象となり得るケース

　具体的な適用対象は，所有者（不動産登記簿に所有者として記録されている者又は賦課期日前に当該者が死亡等している場合は同日において現に所有している者（相続人等））について，個人の場合には氏名及び住所の全部又は一部，法人の場合には名称及び住所の全部又は一部を特定できないなどにより，その存在が確認できない場合であり，以下の場合などが想定されること。

（個人の場合）

・表題部所有者欄の氏名・住所等の全部又は一部が正常に記録されていないことから，所有者を特定することができず，その存在が確認できない場合

・不動産登記簿には，所有者の氏名・住所が記録されているが，戸籍や住民票等の公簿でその存在が確認できない場合（住民票の保存期間切れ等）

・所有権の登記名義人の死亡が確認され，戸籍等により相続人となり得る者が特定できたが，全員が死亡又は相続放棄しており，相続財産管理人も選任されていない場合

・所有権の登記名義人が外国籍の場合で，死亡が確認されたが，外国人登録原票等において相続人となり得る者が確認できない場合

又は確認できた相続人となり得る者の住民票が特定できないため，相続人の存在が確認できない場合

（法人の場合）

・不動産登記簿上の所有者（法人）との連絡が取れず，かつ，法人登記簿上の代表者（解散している場合は清算人又は破産管財人）の存在が，戸籍や住民票等の公簿で確認できない又は死亡している場合

・不動産登記簿上の所有者（法人）の法人登記簿が特定できない場合

(3) その他の留意点

(2)のうち，相続人が全員相続放棄しているなどの場合には課税庁が相続財産管理人等の選任を申し立てるなど，財産管理制度の活用が可能となる場合もあり得ること。財産管理人等が選任されている場合には，当該財産管理人等宛てに納税通知書を送付することができるため，当該固定資産の使用者を所有者とみなして課税することはできないことに留意すること。

3．所有者探索について

(1) 基本的考え方

令第49条の2及び規則第10条の2の12から第10条の2の14までに定める所有者の探索（以下，「所有者探索」という。）は，法第343条第5項の適用の前提として必要な探索の方法について定めたものである。したがって，これに加えて，地方税法等の規定の範囲内で，必要に応じ，その他の方法による探索を行うことは差し支えない。なお，所有者探索は，法第20条の11（官公署等への協力要請）又は法第353条第1項（固定資産税に係る徴税吏員等の質問検査権）を根拠とするものである。

⑵　具体的な所有者探索の方法

①　固定資産の所有者と思料される者を把握するための措置（令第49条の2第1号，第2号関係）

　ア）当該固定資産（償却資産を除く。）の登記事項証明書の交付を請求すること。

　イ）当該固定資産の使用者と思料される者[※1]その他の当該固定資産に係る所有者情報[※2]を保有すると思料される者に対し，当該所有者情報の提供を求めること。

（留意点）

　※1　現地調査により，当該固定資産を現に使用しているかについて確認する必要があるものであること。

　※2　固定資産の所有者の住所及び氏名又は名称その他の当該固定資産の所有者の存在を明らかにするために必要な情報（以下，同じ）。

②　所有者と思料される者の生死・解散を確認するための措置（同条第3号関係）

　　登記事項証明書に記載されている所有権の登記名義人又は表題部所有者その他の①の措置により判明した当該固定資産の所有者と思料される者（以下「登記名義人等」という。）が記録されていると思料される住民基本台帳，外国人登録原票[※1]，法人登記簿[※2]その他の書類を備える市町村の長，出入国在留管理庁の長である出入国在留管理庁長官又は登記所の登記官に対し，当該登記名義人等に係る所有者情報の提供を求めること。

（留意点）

　※1　住民基本台帳に記載されている日本国籍を有しない者の情報については，平成24年7月9日の外国人登録法廃止以降の情報に限られており，それ以前の当該者の情報については，外国人

登録原票に記載されている可能性があるため，登記名義人等が日本国籍を有しない者である場合には，住民基本台帳に加えて，廃止前の外国人登録原票によりその生死を確認することとしていること。

なお，外国人登録原票を確認することで当該者の死亡の事実等を確認することが可能であるが，外国人登録法廃止以前における情報であることから，これら相続人の生死等については外国人登録原票だけでなく，別途住民基本台帳を確認する必要があること。

※2　登記名義人が法人である場合には，法人登記簿に加えて，当該法人の代表者（又は清算人・破産管財人）の住民基本台帳等を確認することで，代表者の存在を確認する必要がある。なお，法人が法人登記簿上は存在している（消滅していない）が，その事務所等の所在地を調査しても実態が確認できず，納税通知書等を有効に送達できない場合には，代表者が死亡又は存在が不明であれば，法人の存在は明らかではないものとして，当該固定資産をみなし所有者課税の適用対象としても差し支えないこと。

③　所有者と思料される者が死亡し，又は解散している場合の相続人又は合併法人等の有無及びその生死・解散を確認するための措置（同条第4号関係）

登記名義人等が死亡し，又は解散していることが判明した場合には，当該登記名義人等又はその相続人，合併後存続し，若しくは合併により設立された法人その他の当該固定資産の所有者と思料される者が記録されている戸籍簿若しくは除籍簿[※1]又は戸籍の附票，外国人登録原票[※2]，法人登記簿その他の総務省令で定める書類を備える市町村の長，出入国在留管理庁の長である出入国在留管理庁長官又は登記所の登記官に対し，当該固定資産に係る所有者情報の提供を求めること。

（留意点）

※1　登記名義人等である個人が死亡していることが判明した場合には，当該者が出生から死亡までの間に本籍地を置いていた市町村に対して戸籍簿，除籍簿の調査を行うことにより，当該者の相続人となりうる者（配偶者や子など）の有無を確認する必要があること。

※2　日本国籍を有しない者の場合は，戸籍が存在しないが，外国人登録原票には，世帯構成員や日本国内に居住する親族の情報が記載されている場合があるため，外国人登録原票によりその相続人の有無を確認することとしていること。ただし，外国人登録法廃止以前における情報であることから，これら相続人の生死等については外国人登録原票だけでなく，別途住民基本台帳を確認する必要があること。

なお，相続の準拠法は，被相続人の国籍により異なるため，留意が必要であること。

④　所有者と思料される者が個人である場合に所有者であることを確認するための措置（同条第5号関係）

③の措置により判明した当該固定資産の所有者と思料される者が個人である場合には，当該個人又は官公署に対して，当該固定資産の所有者を特定するための書面の送付その他の総務省令で定める措置（※）をとること。

（留意点）

※　④の固定資産の所有者を特定するための措置は，③の措置により判明した登記名義人等の相続人について，相続の放棄や廃除等の有無を確認するための措置であること。官公署と所有者のいずれかに対して実施すれば足りることとしているため，いずれかに措置を行えば，もう一方に対して措置を行う必要はないこと。

なお，当該措置を官公署に対して実施する場合には，家庭裁判所

に対して，書面により確認する方法が考えられること。また，当該措置を所有者に対して実施する場合には，書面の送付と訪問のいずれかの方法により確認することとしているが，その際，相続の放棄等の事実を証する書類（相続放棄受理証明書等）の提示を求めることが望ましいこと。

４．所有者とみなす使用者について

⑴　基本的考え方

　固定資産税は所有者に課税することが原則であり，今回の措置は，現行の法第343条第4項の考え方と同様に，課税の公平性を確保する必要がある場合に限り適用できる規定であることから，所有者とみなす使用者とは，所有者と同等程度に使用収益している者をいうものである。したがって，臨時的・一時的な使用ではなく，相当期間にわたり恒常的に使用している事実が客観的に確認できる者をいう。

　所有者とみなす使用者の認定にあたっては，以下の点に留意しつつ，使用の実態や経緯について現地調査を含め客観的な事実を確認するとともに，使用者と思料される者への質問等の調査を十分に行う必要がある。

⑵　使用者の具体例と留意点

　所有者とみなす使用者については，以下の者が該当するものであるが，具体的な適用にあたっては，⑴の基本的考え方に照らし，課税の公平性を確保する観点から，課税庁において適切に判断されたいこと。

①　継続して居住又は事業を営んでいる者

　「継続」とは，臨時的・一時的な使用は含まれず，相当期間にわたる恒常的な使用をいい，基本的には年間を通して使用している状態が一つの判断基準となること。

居住や事業等の使用の実態は，住民票上の記載，電気・ガス・水道の利用状況，固定資産に関する契約状況，家財や事業用資産等の保有状況，償却資産等の課税状況等を踏まえ，客観的に判断することが望ましいこと。

なお，使用の状況については，資産の用途に応じて判断するものであり，例えば倉庫や駐車場として使用されているような場合には，人が常駐していなくても本規定の対象となり得ること。

ただし，定期的な保守点検や除草等の保存行為のみを行っている者については，所有者と同等程度に使用収益しているとはいえないことから，所有者とみなす使用者には当たらないこと。

② 賃料等の対価を受領し使用させている者

固定資産について賃貸借関係がある場合においては，賃料等の対価を受領し他者に使用させている者（賃貸人）が所有者と同等程度に使用収益している者と評価し得るものであり，所有者とみなす使用者となり得るものであること。したがって，固定資産を賃料等の対価を支払って使用している者（賃借人）は所有者とみなす使用者には当たらず，賃料相当を供託して使用している者も所有者とみなす使用者に含まれないこと。

賃料等の支払いについては，契約書や賃料等支払いに係る領収書，振込明細書等の書証により確認すべきものであること。

また，土地登記簿上，地上権，賃借権等の設定登記がされている場合やその土地上の建物の所有権の保存の登記のみがされている場合には，それらの登記の登記名義人は，その土地の賃借人等であると推測されるが，所有者の存在が明らかでなく，当該賃借人等が対価を支払わずに当該土地を使用しているときは，当該登記名義人が所有者とみなす使用者となり得るものであること。

③ その他の留意点

固定資産を複数人が共同して使用している場合については，課税の公平性を確保する観点を踏まえ，そのうち実質的に所有者と

同等程度に使用収益している者を所有者とみなす使用者と判断することが適当であること。例えば家族など複数人で構成される世帯について，世帯主のみを所有者とみなす使用者とすることも想定されること。一の固定資産について所有者とみなす使用者とする者が複数人いる場合には，原則，当該複数の使用者が連帯して納税義務を負うこと。

　また，使用の実態は，区分所有の場合を除き原則として一筆の土地・一個の家屋単位で判断することとなる。ただし，例えば長屋・共同住宅等でその一部の区画のみを使用しているなど，一部使用部分を合理的に特定できる場合には，当該部分に限り課税することとしても差し支えないこと。

5．事前通知について

(1)　基本的考え方

　所有者探索を尽くすとともに，使用の経緯や実態等について十分な調査を尽くした上で，法第343条第5項を適用し，使用者を所有者とみなし課税する場合には，当該使用者があらかじめ，納税義務者となることを認識できるよう，事前に通知することとしている。

(2)　事前通知に記載すべき内容

　法令の規定に基づき，探索を尽くしてもなお所有者が特定できず，所有者とみなす使用者として固定資産課税台帳に登録し，課税する予定である旨を記載する必要があること。

(3)　そ　の　他

　(1)の性格を鑑みると，事前通知発出の時期については，固定資産課税台帳登録前に，所有者とみなす使用者が，自身が納税義務者となることを認識できるよう，一定の期間を確保して発出するべきものであること。

　ただし，一旦，所有者とみなす使用者として固定資産課税台帳に

登録された後においては，毎年の調査の際に使用者が次年度も課税されることを認識できるため，その場合には事前通知を省略することとしても差し支えないこと。

　なお，事前通知は不服審査の対象とはならないものであること。

6. そ　の　他

(1)　課税後に所有者が判明した場合の取扱い

　市町村が行う所有者探索が，令第49条の2及び規則第10条の2の12から第10条の2の14までに規定する要件を満たし，適正に行われている場合，課税後に所有者が判明しても各年度の課税は有効であり，賦課決定を取り消す必要は無いものであること。ただし，これらの要件を満たしていなかった場合には，使用者への課税は無効となり，過年度分についても真の所有者に課税することが必要となる場合があり得ること。

(2)　固定資産課税台帳への登録翌年度以降の取扱い

　所有者探索については，原則として登録初年度にのみ行えば足りるものであるが，使用の実態については，毎年度変化する可能性があるため，毎年度調査を行う必要があること。

(3)　使用者が死亡した場合の取扱い

　(2)のとおり，使用者については，毎年度，その事実を認定するものであることから，使用者が死亡した場合，当然にその相続人に翌年度以降の納税義務が生じるものではなく，毎年度の賦課期日時点の使用者が納税義務者となること。なお，賦課期日後に死亡した場合は，当該年度の課税は有効であり，相続人が納税義務を承継するものであること（法第9条）。

(4)　滞納処分について

　所有者とみなす使用者は，その使用する固定資産についての所有権を有していないことから，所有者とみなす使用者に対する滞納処

分においては，当該固定資産の差押えはできないこと。

(5)　納税義務者の考え方について

　所有者とみなす使用者として単独で固定資産を使用する者が，単独で他の固定資産を所有している場合には，これらの固定資産をまとめて一の納税義務者に係る固定資産とみなすこと。

○令和2年度税制改正大綱（抄）

二　資産課税

1　所有者不明土地等に係る課税上の課題への対応

　所有者不明土地等に係る固定資産税の課税上の課題に対応するため，次の措置を講ずる。

(1)　現に所有している者の申告の制度化

　市町村長は，その市町村内の土地又は家屋について，登記簿等に所有者として登記等がされている個人が死亡している場合，当該土地又は家屋を現に所有している者（以下「現所有者」という。）に，当該市町村の条例で定めるところにより，当該現所有者の氏名，住所その他固定資産税の賦課徴収に必要な事項を申告させることができることとする。

　（注1）　固定資産税における他の申告制度と同様の罰則を設ける。

　（注2）　上記の改正は，令和2年4月1日以後の条例の施行の日以後に現所有者であることを知った者について適用する。

(2)　使用者を所有者とみなす制度の拡大

①　市町村は，一定の調査を尽くしてもなお固定資産の所有者が一人も明らかとならない場合には，その使用者を所有者とみなして固定資産課税台帳に登録し，その者に固定資産税を課することができることとする。

　（注）　上記の「一定の調査」とは，住民基本台帳及び戸籍簿等の調査並びに使用者と思料される者その他の関係者への質問その他の所有者の特定のために必要な調査とする。

②　①により使用者を所有者とみなして固定資産課税台帳に登録し

ようとする場合には，その旨を当該使用者に通知するものとする。
③　その他所要の措置を講ずる。
（注）　上記の改正は，令和3年度以後の年度分の固定資産税について
　　　適用する。

○地方財政審議会答申（抄）

令和2年度地方税制改正等に関する地方財政審議会意見
（令和元年11月19日　地方財政審議会）

2　固定資産税

(1)　所有者不明土地等に係る課税上の課題への対応

　人口減少，高齢化の進展に伴う土地利用ニーズの低下等によって，近年，所有者不明土地や空き家等が全国的に増加しており，公共事業の推進や生活環境面においても様々な課題を生じている。こうした課題に対し，所有者情報の円滑な把握，所有不明土地等の発生の予防，円滑な利活用の促進や適正管理の観点から，これまでも「空家等対策の推進に関する特別措置法」や「所有者不明土地の利用の円滑化等に関する特別措置法」等に基づき，政府全体として取組を進めてきたが，課税庁においても，こうした取組を推進する関係部局に対し，固定資産課税台帳の所有者情報を提供する等，関係部局と連携して取り組んできたところである。土地基本法制や民事基本法制の見直しなど，引き続き政府全体として抜本的な対策が急がれる中，固定資産税の課税実務においても，所有者情報の把握の円滑化等の課題があり，これらについても早急な対応が必要である。

　具体的には，土地や家屋について，登記簿上の所有者が賦課期日時点で死亡しており，相続登記がなされていない場合には，「現に所有している者」（通常は相続人）を課税庁が調査し，納税義務者として認定して課税することとなるが，「現に所有している者」を把握するための相続人調査等に多大な負担が生じており，賦課徴収上の支障となっている。このため，「現に所有している者」にその旨を申告させるなど，課税庁が速やかに「現に所有している者」を把握する手段を充実させることで，納税義務者を的確かつ迅速に把握し，適正な課税につなげることが必要である。また，固定資産を

使用収益している者がいるにもかかわらず，登記が正常に記録されていないため戸籍の調査ができない等の理由により，課税庁が調査を尽くしてもなお，当該固定資産の所有者が一人も明らかでないケースが現に存在する。現行の地方税法第343条第4項では，震災等の事由によって所有者が不明な場合には，使用者を所有者とみなして課税できる規定があるが，震災等の事由によるものでなければ，現行法上，課税することができない。

このことは，課税の公平性の観点から問題があり，何らかの制度的対応が必要である。具体的には，例えば，法第343条第4項に規定されている場合と同様に，使用者を所有者とみなして課税することができるよう，同項の適用範囲の拡大等の措置を検討することが考えられる。これらの取組を通じて，相続登記の促進や課税台帳の所有者情報の更新が行われることにより，登記の適正化や，当該情報を内部利用できる土地部局や空家部局等への情報提供にもつながり，課税の適正化のみならず，所有者不明土地問題，空家対策の一層の推進等にも資することが期待される。さらに，所有者不明土地等の課題について抜本的に対応するためには，現在，法制審議会等で議論されている相続登記の義務化等，不動産登記制度において，所有者不明土地の発生を予防する仕組みや，所有者不明土地を適切かつ円滑に利活用していく観点からの取組が重要となる。こうした取組と歩調を合わせつつ，今後も，地方自治体の利用ニーズの高い，不明森林所有者の情報や，地籍調査を迅速に進めるために必要な所有者情報について，地方税法上の守秘義務との関係のこれまでの整理を踏まえ，課税庁から関係部局に対して提供することを可能とする等，所有者不明土地等への課題解決に向けた関係行政機関と連携を深めていくべきである。併せて，本年度成立した「戸籍法等の一部を改正する法律」により，行政手続における戸籍謄抄本の添付省略等を実現するために，全国の市区町村の戸籍データのバックアップシステムである既存の「戸籍副本データ管理システム」を活用・

発展させて新システムを構築することが予定されている。現在，課税庁が行っている相続人等の調査において，個別に多数の市町村に戸籍の公用請求等を行うなど，事務負担が煩雑になっている点について，将来的にはこの新システムと連携する等，課税事務の効率化に資する取組を推進していく必要がある。

国土交通省収用関係ガイドライン

　所有者の所在の把握が難しい土地に関する探索・利活用のための
ガイドライン～所有者不明土地探索・利活用ガイドライン～（第3
版）（抄）
（令和元年12月所有者の所在の把握が難しい土地への対応方策に関
する検討会）

　　https：／／www.mlit.go.jp／totikensangyo／totikensangyo_tk2_
　　000125.html

第1章　一般的な所有者情報の調査方法
　所有者情報の調査方法は，調査をする主体，調査の目的，対象と
なる土地の状況などによって異なりますが，この章では，所有者情
報を調査する場合の一般的な方法を紹介します（図1－1）。
　所有者情報の一般的な調査方法は，
①　まず調査対象となる土地に関する登記記録に記録された土地の
　所有権の登記名義人又は表題部所有者（以下「所有権登記名義人
　等」という。）を把握します（具体的な方法は，本章1－1を参
　照。以下同じ。）。
②　次に，その所有権登記名義人等について住民票の写し又は住民
　票記載事項証明書（以下「住民票の写し等」という。）を入手し
　て，当該所有権登記名義人等の生存及び現在の住所を公簿上で確
　認します（1－2）。
③　ここまでの調査で，公簿上の所有権登記名義人等の生存と現在
　の住所が判明した場合には，居住確認（1－5）を経て所有者※1
　を特定します。
　※1　「所有者」は真実所有権のある者のこと。相続その他一般承継
　　　があったときは，相続人・その他一般承継人が所有者となる。所
　　　有実態が登記記録に反映されている場合は，所有権登記名義人等

と所有者が同一となる。なお，本ガイドライン中，強調のため「現在の所有者」等と記載することもあるが，特に断りのないかぎり意味は変わらない。

④　所有権登記名義人等が転出又は死亡しているため，住民票が消除されていて，住民票の写し等が交付されない場合には，住民票の除票の写し又は除票記載事項証明書（以下「住民票の除票の写し等」という。）を入手することにより，その状況を把握します（1－2）。

⑤　④により所有権登記名義人等の転出が判明した場合には，転出先の市区町村から住民票の写し等を入手します。さらに転出している場合には，④・⑤の手順を繰り返します。

⑥　⑤において転出先が判明しなかった場合には，戸籍の表示のある住民票の除票の写し等を入手して本籍地を把握し，次にこの本籍地の市区町村から戸籍の附票の写しを入手します。

⑦　④～⑥の調査により所有権登記名義人等の現在の住所が公簿上で確認できた場合には，居住確認（1－5）を経て所有者を特定します。

⑧　④により所有権登記名義人等が死亡していることが判明した場合には，戸籍の表示のある住民票の除票の写しを入手して本籍地を把握し，戸籍の調査により所有権登記名義人等の法定相続人を探索します（1－3）。法定相続人を特定した上で，当該法定相続の戸籍の附票の写しを入手します。

⑨　⑧の調査により法定相続人の現在の住所が公簿上で確認できた場合には，居住確認（1－5）等を経て所有者を特定します。

⑩　登記記録に記録された所有権登記名義人等の住所に住民票及び住民票の除票が存在しない場合や戸籍の附票の写しが入手できない場合，当該所有権登記名義人等や法定相続人が④～⑥又は⑧の調査により判明した住所に居住していない場合は，聞き取り調査などの調査を行います（1－4）。利用できる所有者情報が少な

い場合は，聞き取り調査を中心に行うこともあります。

⑪　書面上の所有者や法定相続人の氏名と住所が判明した場合には，居住確認を行い，土地所有者を特定します（1−5）。

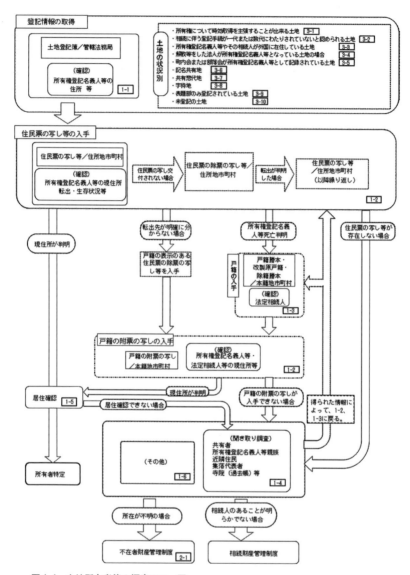

図 1-1：土地所有者等の探索フロー図

注1）図中の 1-1 等は、本ガイドラインの見出しを意味している。
注2）公用請求については、本章 1-2（6）、1-3（7）を参照のこと。

使用者課税に関する判例（概要）

大阪高裁平成28年3月10日判決（平成25年（行コ）第99号，同第117号）

最高裁平成27年7月17日判決（平成26年（行ヒ）第190号）⇒大阪高裁に差戻し

差戻し審大阪高裁平成28年3月10日判決（平成25年（行コ）第99号，同第117号）

【概要】

　現況が「ため池等」以外の用に供されている土地のうち，登記名義が「大字某等」であることから，納税義務者を特定できず課税に至っていない土地に対し，固定資産税等の賦課徴収を怠っていることの違法確認及び固定資産税等の徴収権が時効により消滅したことを理由とする損害賠償請求をすることを求められた事案。

【当事者の主張】

（原告）

　地方税法343条4項が「震災，風水害，火災その他これに準ずる災害」あるいは「震災，風水害，火災その他の災害」ではなく「震災，風水害，火災その他の事由」と規定されていることからすれば，「その他の事由」を災害に限定する合理的な理由はない上，同条の趣旨は，所有者について十分調査してもその所在が震災，風水害等の不可抗力的な事由によって不明であり，しかも，現にその固定資産を使用収益している使用者が存在しており，これに課税することによって課税上の衡平を保持することにある。これによれば，本件各土地のように，戦時体制下の地縁団体の結合及びポツダム政令による解散といった過去の歴史的経過によって登記簿上の所有者と現在の地元の町会・自治会との間に断絶が生じ，このために所有者の所在が不明になっているものであり，これは不可抗力的な事由によ

って所有者の所在が不明である場合に該当するのである。そこで，同項の規定を適用して，本件各土地の使用者を所有者とみなしてその者に課税すべきである。

（被告）

一般的な用語の用い方によれば，「その他の事由」とは，その前に例示されたものと同種のものを意味するのであり，また，租税法律主義の原則からしても，地方税法343条4項の「その他の事由」とは「震災」「風水害」「火災」と同種のもの，すなわち「災害」を意味すると解すべきである。そして，本件各土地については，部落有財産（旧村持ち財産）が，地券交付の際に，村名義で登記されたものであり，旧村が所有していた財産を新たにできる町村に引き継ぐことなく新たにできる町村の一部となった旧村名義のままとなったものである。このような歴史的経過の中で，その登記簿の表題部の所有者欄に記載された「大字西」等の名義で表象される団体の法的性格が不明確なまま現在に至っている。このような事情は「災害」とはいえない。また，同項の「所有者の所在が……不明である場合」に「所有者が誰かその氏名さえも判らない場合」及び「所有者が誰かは判っていてもその所在が判らない場合」の両方を含むとしても，上記の事情はこのいずれの場合にも該当しない。したがって，本件各土地については，地方税法343条4項の適用はないというべきである。

【裁判所の判断】

租税法規は侵害規範であり，法的安定性の要請が強く働くことからすれば，その解釈は原則として文理解釈によるべきものであり，みだりにその規定の文言を離れて解釈すべきでない。このことは地方税法343条の規定の下における固定資産税の納税義務者の確定においても同様であり（中略）さらに，被控訴人は，本件各土地につき，地方税法343条4項は，市町村は，固定資産の所有者の所在が震災，風水害，火災その他の事由によって不明である場合において，

その使用者を所有者とみなしてこれを固定資産課税台帳に登録し，その者に固定資産税を課することができる旨規定する。これは固定資産税の納税義務者を固定資産の所有者とする原則（同項1項）の例外として，その使用者を所有者とみなして固定資産税を賦課するものであるところ，租税法規はみだりにその文言を離れて解釈すべきでないことは前記説示のとおりである。そして，「所有者の所在が不明」とは，その所有者は特定されるが所在が不明な場合のほかその所有者が特定されない場合をも含むと解されるが，その不明の原因は「震災，風水害，火災その他の事由」とされていることからすれば，「その他の事由」とは，ここに例示された震災，風水害，火災に類する異常な自然現象や人為的原因による被害によるものを意味すると解すべきである。そこで，本件各土地のように登記簿上の表題部に所有者の記載があるが，過去の歴史的経過等により調査しても現在の所有者が明らかでないような場合を含むと解することはできない。したがって，本件各土地について，地方税法343条4項を適用して，使用者である町会・自治会を所有者とみなして固定資産税等を賦課徴収することは許されないというべきである。

参考判例

福岡地裁平成25年2月26日判決（平成23年（行ウ）第24号）

＜主文＞

1　原告の請求をいずれも棄却する。

2　訴訟費用は原告の負担とする。

＜事実及び理由＞

第1　当事者の求めた裁判

1　請求の趣旨

⑴　X市Y区長（以下「Y区長」という。）が原告に対してした平成17年度分（同年4月11日付け），平成18年度分（同年4月11日付け），平成19年度分（同年4月11日付け）及び平成20年度分（同年4月9日付け）の固定資産税及び都市計画税（以下「固定資産税等」という。）の各賦課決定はいずれも無効であることを確認する。

⑵　X市長が原告に対してした平成21年度分（同年5月13日付け）及び平成22年度分（同年4月12日付け）の固定資産税等の各賦課決定はいずれも無効であることを確認する。

⑶　被告は，原告に対し，125万4647円及びこれに対する平成23年6月2日から支払済みまで年5分の割合による金員を支払え。

⑷　上記⑶につき，仮執行宣言

2　請求の趣旨に対する答弁

⑴　本案前の答弁

　本件訴えのうち，固定資産税等の各賦課決定の無効確認に係る各訴えをいずれも却下する。

⑵　本案の答弁

ア　原告の請求をいずれも棄却する。

　イ　仮執行免脱宣言

第2　事案の概要
　本件は，原告が，被告に対し，(1)Y区長が原告に対してした平成17年度分から平成20年度分までの固定資産税等の各賦課決定，並びにX市長が原告に対してした平成21年度分及び平成22年度分の固定資産税等の各賦課決定がいずれも違法であるとして，かかる処分の無効確認を求めるとともに，(2)Y区長ないしX市長が原告に対してした固定資産税等の各賦課決定が違法であることに加えて，X市長が原告に対してした債権差押処分などが違法であると主張して，国家賠償法1条1項に基づき，損害金125万4647円及びこれに対する訴状送達の翌日である平成23年6月2日から支払済みまで民法所定の年5分の割合による遅延損害金の支払を求めた事案である。

1　前提事実（証拠掲記のない事実は争いがない。）
(1)　当事者等
　ア　原告は，X市Y区〇〇四丁目〔番地略〕所在の土地（課税地目：宅地，課税地積：1313.85平方メートル。以下「本件土地」という。）及び同土地上の家屋（以下，「本件家屋」といい，本件土地と併せて「本件不動産」という。）の共有者の一人である。
　イ　X市長は，平成20年12月31日までの間，Y区長に対し，固定資産税（土地及び家屋に対して課するもの）及び都市計画税に係る徴収金の賦課徴収に関する事務の委任を行っていたが，平成21年1月1日，同委任を廃止した。
(2)ア　Aは，本件不動産を所有していた者であるが，昭和46年2月27日，死亡した。
　イ　Aの死亡後現在までの間，本件土地の登記名義人はA，本件家屋は未登記の状態となっている。

ウ　Aの相続人であるBは，昭和46年5月12日，Y区長に対し，
　被相続人Aに係る相続による本件不動産の固定資産税の納税
　義務者のうち，納税通知書等を受領する相続人の代表者をB
　とする旨の代表者届を提出した。

　　なお，Y区は，昭和49年，Y1区とY2区に分区された。

(3)ア　Bは，昭和61年4月2日，死亡した。

　イ　Cは，昭和61年5月9日付け（同年6月9日受付）で，Y1
　区長に対し，被相続人Bに係る相続による本件土地の固定資
　産税の納税義務者のうち，納税通知書等を受領する相続人の代
　表者をCとする旨の代表者届を提出した。なお，同代表者届
　には，Bの相続人として，D及びCが記載されていた。

　ウ　Y1区長は，平成11年12月までの間，毎年度，Cに対し，納
　税名義人を「C外1名」と記載して，本件不動産に係る固定資
　産税等の各賦課決定を行い，同決定に係る納税通知書を送付し
　ていた。

(4)ア　Cは，平成12年1月2日，死亡した。

　イ　Y1区長は，平成12年4月頃，原告に対し，被相続人をA，
　旧納税義務者をC外1名と記載した「固定資産税（土地・家
　屋）納税義務者代表者届」の用紙を送付したが，原告は，Y1
　区長に対し，同代表者届の提出を断り，同用紙をそのまま返送
　した。

　ウ　被告職員Eは，平成12年12月頃，S市役所から原告の地方税
　申告書を取り寄せた上，原告に対し，営業経費の各支出項目に
　ついて，具体的な使途を逐一尋ねた。

　エ　Y1区長は，平成13年2月5日付けで，本件不動産に係る固
　定資産税（土地・家屋）納税義務者の代表者として，Aの長男
　であるDの二女である原告を指定した（以下「本件代表者指
　定」という。）。

(5)ア　Y1区長ないしX市長は，原告に対して，本件不動産につい

122

て，平成13年度分から平成22年度分までの間，別紙1「賦課決定一覧表」（略）記載のとおりの固定資産税等の各賦課決定を行い（以下，これらの各賦課決定を総称して「本件賦課決定」という。），原告の単独名義の各納税通知書（以下「本件納税通知書」という。）をそれぞれ作成して送付し，いずれもその頃原告に到達した。

　なお，本件賦課決定当時の本件土地の価格は，別紙1「賦課決定一覧表」（略）の「本件土地の価格」欄記載の金額のとおりとされた。また，本件家屋は課税客体ではあるが，固定資産評価額が免税点未満のため，税額は生じていない。

イ　Y1区長ないしX市長は，平成13年1月17日頃から平成23年3月18日頃までの間，原告に対し，本件賦課決定に係る各督促状を送付し，いずれもその頃原告に到達した。

(6)ア　Y1区長は，平成18年1月16日付けで，原告に対し，平成13年度1期分から平成17年度3期分までの本件不動産に係る固定資産税等について，滞納額20万8600円とする差押予告書を送付し，その頃原告に到達した。

　なお，同差押予告書の連絡事項欄には，「今月1／31（火）に上京して訪問予定にしていますので，事前に上記のLあてにご連絡下さい。」と記載されていた。

イ　Z弁護士は，原告の代理人として，平成18年1月19日，Y1区役所納税課に対し，〈1〉本件不動産には原告以外にも相続人が存在し，その相続割合に応じて固定資産税等の請求をすべきであること，〈2〉相続人確定の書類を揃えるなどの手間を考えると，一部の支払のみで一切を清算できるのであれば検討し得ること，〈3〉全額の請求を続けるのであれば何らかの対処を考えることなどの旨を記載した通知書を送付し，同通知書は，同月23日，Y1区役所納税課に到達した。

(7)　X市長は，平成21年4月22日付けで，原告に対し，平成16年度

から平成20年度分までの本件不動産の固定資産税等について，滞納額19万4100円，来庁期限平成21年5月1日とする期日呼出書を送付した。

(8) X市長は，平成23年1月12日付けで，原告に対し，平成17年度3期分から平成22年度3期分までの本件不動産の固定資産税等について，滞納額18万1200円とする差押予告書を送付した。

(9)ア X市長は，平成23年1月26日付けで，原告を滞納者，滞納金額を16万2700円（別紙2「本件差押処分に係る租税一覧表」（略）記載の合計額），F銀行を第三債務者，原告がF銀行に対して有する通常郵便貯金の払戻請求権及びこれに対する債権差押通知書到達日までの約定利息支払請求権（以下「本件払戻請求権等」という。）を差押債権とする債権差押処分（以下「本件差押処分」という。）を行い，本件差押処分に係る債権差押通知書をF銀行に発送し，同月28日に到達した。

イ X市長は，原告に対し，平成23年2月4日付けの配当計算書謄本に，本件差押処分により本件払戻請求権等から5万4647円を受け入れ，同月16日午前10時にX市西部市税事務所納税課において，同額を上記アの滞納金額に交付する旨記載して，同謄本を発送し，その頃原告に到達した。

なお，本件差押処分により取り立てた金員は，関係法令に従い，別紙3「本件差押処分に係る租税関係充当一覧表」（略）の「充当額」欄記載のとおり充当された。

(10) 原告は，平成23年2月7日付けで，X市長に対し，本件差押処分に係る異議申立て（以下「本件異議申立て」という。）を行い，同申立書は，同月9日，X市長に到達した。

(11) X市長は，平成23年4月12日付けで，原告に対し，平成23年度の本件不動産の固定資産税等の賦課決定（以下「平成23年度賦課決定」という。）を行い，同決定に係る原告の単独名義の納税通知書を送付した。

(12)ア　X市長は，平成23年5月6日付けで，原告に対し，本件異議
　　申立てを却下する旨の決定を行い，同決定書謄本は，同月19日，
　　原告代理人に到達した。

　イ　X市長は，上記アの決定書謄本の送付と併せて，原告に対し，
　　「賦課決定処分の更正等について」と題する書面により，〈1〉
　　本件賦課決定（ただし，平成18年度分から平成22年度分までの
　　もの。）及び平成23年度賦課決定を一旦取り消した上で，改め
　　て共有分であることを示して納付通知書を交付する手続を行う
　　こと，〈2〉これにより，本件差押処分により充当した金額を
　　原告に一旦返還することなどを通知した。

(13)　原告は，平成23年5月19日，本件訴訟を提起した。

(14)　X市長は，平成23年6月15日付けで，原告に対し，平成23年度
　　賦課決定を取り消したが，本件賦課決定については現在まで取り
　　消していない。

(15)　原告は，法定の不服申立期間内に，Y1区長ないしX市長に対
　　し，本件賦課決定に対する不服申立てを行わなかった。

(16)　原告は，法定の不服申立期間内に，固定資産評価審査委員会に
　　対し，本件賦課決定について固定資産課税台帳に登録された本件
　　土地の価格に対する審査の申出を行わなかった。

2　争点及び争点に対する当事者の主張

(1)　確認の利益及び原告適格（処分無効確認の訴え関連のみ）

（原告の主張）

　ア　確認の利益について

　　　本件差押処分により徴収された5万4647円は，本件賦課決定
　　（ただし，平成17年度ないし平成22年度のもの。以下，争点(1)
　　について同じ。）に係る滞納額合計16万2700円の一部にすぎず，
　　還付金請求又は不当利得返還請求によって本件賦課決定の無効
　　を主張する利益が全て喪失したものではない。

　　　したがって，本件賦課決定の無効確認の訴えには，確認の利

益が認められる。

　イ　原告適格について

　　X市長が，徴税経費と滞納額の均衡を考慮することなく，原告に恫喝的に対応していることなどの被告の対応からすると，行政事件訴訟法（以下「行訴法」という。）36条にいう「損害を受けるおそれ」がある。

　　仮に原告が還付金請求又は不当利得返還請求といった現在の法律関係に関する訴えによることが可能であったとしても，本件賦課決定の無効は平成17年度4期分から平成22年度2期分の滞納額合計16万2700円に及んでおり，5万4647円の還付金請求又は不当利得返還請求といった現在の法律関係に関する訴えではその目的を達しない。

　　したがって，本件賦課決定の無効確認の訴えについて，原告には原告適格が認められる。

（被告の主張）

　ア　確認の利益について

　　X市長は，本件差押処分により，5万4647円を徴収した。そのため，本件賦課決定の無効確認の訴えよりも，本件賦課決定の無効を前提とした5万4647円の還付金請求又は不当利得返還請求訴訟を提起する方が直截であり，紛争の直接かつ抜本的な解決に資する。

　　したがって，本件賦課決定の無効確認の訴えには，確認の利益が認められない。

　イ　原告適格について

　　本件では，本件賦課決定に引き続き，唯一と思われる原告の預金に対して本件差押処分がなされており，原告の資産状況からすると，今後，原告に対する滞納処分が行われる可能性があるとは考え難いため，行訴法36条にいう「損害を受けるおそれ」があるとはいえない。

仮に「損害を受けるおそれ」があるとしても，上記アのとお
　り，原告は還付金請求又は不当利得返還請求といった現在の法
　律関係に関する訴えによってその目的を達成できるから，同条
　の「現在の法律関係に関する訴えによって目的を達すること
　できない」場合にも当たらない。
　　したがって，本件賦課決定の無効確認の訴えについて，原告
　には原告適格が認められない。

(2)　本件代表者指定の裁量権の逸脱・濫用

（原告の主張）

　Ｙ１区長は，原告が様々な事由を示して代表者になることを拒否
していたにもかかわらず，原告の個別的事情を顧慮せず，Ｂの相続
人関係や財産関係を全く調査することなく，単に原告が年長者であ
ることのみを理由として，原告を代表者とする本件代表者指定を行
った。

　したがって，本件代表者指定には，裁量権の逸脱・濫用による違
法がある。

（被告の主張）

　Ｙ１区長は，本件代表者指定に当たり，〈１〉原告が本件不動産
の登記名義人であるＡの直系血族であること，〈２〉Ｃの存命中に
は，原告の父親であるＤが共有者として課税台帳に登録されてい
たこと，〈３〉原告がＤの持分を分け合うＧ（原告の弟）と同居し
ていること，〈４〉原告がＧよりも年長者であること等の事情から，
原告を「被相続人の地方団体の徴収金の納付又は納入につき便宜を
有する者」に当たると判断したものと考えられ，本件代表者指定は
合理的根拠に基づいたものである。

　また，原告が本件代表者指定に際し行った要求は，いずれも理由
のない不当なものである。

　したがって，本件代表者指定には，裁量権の逸脱・濫用による違
法はない。

(3)　一括課税方式の違法性

（原告の主張）

　単独所有物と共有物とは，法律上内部関係や効力が異なるもので
あり，これを納税通知書に明示しないことは納税義務者を混乱させ
る結果となるから，代表者を定めて一括課税する形式は違法，無効
と解すべきである。

　しかるに，Y1区長ないしX市長は，本件納税通知書に共有物で
あることを明示せず，原告を代表者と定めて一括課税した。

　したがって，本件賦課決定は，明白かつ重大な違法があり，無効
である。

（被告の主張）

　分割課税方式は，区分所有に係る家屋及び区分所有に係る家屋の
敷地に関する地方税法352条及び352条の2などの例外規定による場
合を除き，禁止されている。

　したがって，一括課税方式による本件賦課決定には違法はない。

(4)　本件納税通知書の違法性

（原告の主張）

　ア　共有不動産に対する課税に係る納税通知書には，納税者を共
　　　有者連名として，共有物であることを明示すべきものであり，
　　　これを記載しないでした納税通知書は無効と解するべきである。

　　　　しかるに，本件納税通知書には，共有物に係る賦課決定であ
　　　ることが明示されていない。

　イ　また，納税通知書は，その文面によって課税の内容が一義的
　　　に理解される必要がある。しかるに，本件納税通知書は，実際
　　　には共有物件であるにもかかわらず，文面上は単独所有と判断
　　　し得る記載方法となっており，明らかに事実に反する。

　ウ　したがって，本件納税通知書により行われた本件賦課決定は，
　　　明白かつ重大な違法があり，無効である。

（被告の主張）

ア　共有物に対する賦課決定について，納税義務者の表示を共有
　　者の連名とすべきなどとする法令の規定は存在せず，原告の主
　　張は独自の見解というべきである。
　　　また，現実にも，納税通知書に共有者の連名を記載するなど
　　することは，実務上の困難を強いるものであり，妥当ではない。
イ　また，原告は本件不動産が共有物であることを認識しており，
　　本件納税通知書により，原告が本件賦課決定を単独名義の賦課
　　決定と誤認することはない。
　　　また，被告は，固定資産に対する相続発生時に相続人代表者
　　となり得る者に対し，代表者届を送付して相続関係の整理と共
　　有者に関する記載を促しており，代表届の送付を受けた者にと
　　って，対象の固定資産を単独所有物と誤解したり，混乱したり
　　することは考えられない。
ウ　したがって，本件納税通知書に共有物における賦課決定であ
　　ることを明示していなかったとしても，違法ではなく，少なく
　　とも重大かつ明白な違法とはいえないから，本件賦課決定は無
　　効とはいえない。
(5)　課税標準額の著しい不当性
（原告の主張）
　本件土地は，高速道路沿いの丘陵地の奥地に当たり，地形が悪く，
交通や買物等日常生活に極めて不便な立地条件にある。加えて，本
件土地周辺は急傾斜地崩壊危険箇所に該当し，中でも本件土地は崩
壊の危険度が高い。
　そのため，不動産鑑定士による本件土地の鑑定評価は，平成23年
11月1日時点において，106万3000円にすぎない。しかるに，Y1
区長ないしX市長は，適正な時価から著しく超えた価格で本件土
地を評価した。
　したがって，本件賦課決定に係る本件土地の価格は，適正な時価
を著しく逸脱して決定されたものであり，そのような価格を前提と

してなされた本件賦課決定は，重大かつ明白な違法があるものとして無効である。

（被告の主張）

　ア　固定資産税等の賦課決定の無効確認の訴えにおいて，固定資産評価審査委員会に対する審査の申し出を経由せずに価格の修正を求めることは許されないから，原告の「適正な時価」に関する主張は，失当というべきである。

　イ　本件賦課決定に係る本件土地の価格は，固定資産評価基準に従い，標準宅地の鑑定評価に基づく適正な時価の評定をもとに，市街地宅地評価法及び画地計算法によって適正に算定されたものである。そして，原告の主張するような個別鑑定による評価額を根拠として，同基準によっては適正な時価を算定することができない特別の事情に当たるとはいえない。

　　　したがって，本件賦課決定に係る本件土地の価格は，適正な時価を著しく逸脱したものとはいえず，本件賦課決定には，重大かつ明白な違法はない。

(6)　本件差押処分の違法性（国家賠償請求関連のみ）

（原告の主張）

　ア　本件賦課決定は，原告の前記主張のとおり，違法であるから，本件賦課決定に基づいて行われた本件差押処分は違法である。

　イ　加えて，Y1区長ないしX市長は，本件不動産に係る固定資産税等について，原告を除く共有者に対しては納税通知書を発送することなく納税義務を実質的に免除する一方，生活に苦しむ原告に対してのみ本件賦課決定を行い，極めて不公平な賦課決定を繰り返したものである。そして，X市長は，このような本件賦課決定に基づき，原告の生活資金となっている本件払戻請求権等を差し押さえる本件差押処分を行った。

　　　したがって，本件差押処分には，裁量権の逸脱・濫用による違法がある。

（被告の主張）

　ア　本件賦課決定は，被告の前記主張のとおり，違法ではなく，本件賦課決定に基づいて行われた本件差押処分も適法である。

　イ　Ｘ市長は，本件差押処分に当たり，原告の財産調査を行い，その結果，原告が本件賦課決定に係る固定資産税等を納税することは十分可能であると判断して本件差押処分を行ったものである。

　　　また，原告の主張する事実をもってしても，直ちに本件差押処分が違法であるとはいえない。

　　　したがって，本件差押処分には，裁量権の逸脱・濫用による違法はない。

(7)　被告職員による徴収手続上の違法性（国家賠償請求関連のみ）

（原告の主張）

　ア　被告職員は，原告に対し，原告による正当な要求を無視し続けて納税通知書や督促状を送付し続けたほか，電話の応対で高圧的に脅迫するような態度を取ったり，担当が変わるたびに差押えを行う旨恫喝を行ったりするなどの嫌がらせを行い，違法な徴収手続を行った。

　イ　また，被告職員Ｅは，平成12年12月頃，Ｓ市役所から原告の地方税申告書を取り寄せた上で，営業経費の各支出項目について逐一具体的に何に使ったのかを執拗に尋ねた。しかし，営業経費の各支出項目を逐一，質問し，検査することは，地方税法373条が準用する国税徴収法141条の「滞納処分のため滞納者の財産を調査する必要…と認められる範囲内」のものとはいえない。

　　　このような被告職員Ｅの上記行為は，滞納者に対する税務調査に名を借りた職権濫用であり，違法な質問ないし検査である。

（被告の主張）

ア　一般に，税金の滞納に関して課税庁から電話があれば，滞納者にとって気分の良いものであるはずがないから，被告職員とのやり取りによって原告が気分を害したことがあったかもしれないが，これによって直ちに被告職員の行為が違法とはならない。

イ　事業収入のある滞納者に対して経費支出の内訳を尋ねることは，官公署等への協力要請について定める地方税法20条の11及び固定資産税の滞納処分について定める同法373条7項によりその例によることとされる国税徴収法141条に基づき，滞納処分の前提となる担税力を確認するために必要な調査である。

したがって，原告の主張する被告職員Eによる調査は，必要と認められる範囲内において行われたものであることは明らかであり，違法ではない。

(8)　損害額（国家賠償請求関連のみ）

（原告の主張）

原告は，違法な本件賦課決定及び本件差押処分に基づく被告職員の違法な職務執行により，次のアからウまでの合計125万4647円の損害を被った。

ア　本件差押処分による固定資産税等の徴収金　5万4647円

イ　慰謝料　100万円

ウ　弁護士費用　20万円

（被告の主張）

いずれも否認する。

第3　当裁判所の判断

1　争点(1)（確認の利益及び原告適格）について

(1)　納税者が，課税処分を受け，当該課税処分に係る税金をいまだ納付していないため滞納処分を受けるおそれがある場合において，当該課税処分の無効を主張してこれを争おうとするときは，納税

者は，行訴法36条により，当該課税処分の無効確認を求める訴え
を提起することができるものと解するのが相当である（最高裁昭
和51年4月27日第三小法廷判決・民集30巻3号384頁）。

(2)　これを本件についてみると，本件賦課決定に係る徴収金は，本
件差押処分により取り立てた金員が別紙3「本件差押処分に係る
租税関係充当一覧表」（略）の「充当額」欄記載のとおり充当さ
れたことにより，一部納付したこととなったものの，各年度ごと
の賦課決定についてそれぞれ同表の「未納額」及び「延滞金」欄
記載の徴収金がなお残存している。

　　そうすると，本件賦課決定に係る徴収金をいまだ完納したとい
えず，なお原告には滞納処分を受けるおそれがある。

　　これに対し，被告は，原告の資産状況からすると，今後，原告
に対する滞納処分が行われる可能性があるとは考え難いと主張す
る。しかし，法律上滞納処分が可能であり，今後，原告の資産状
況が変化する可能性もある以上，滞納処分を受けるおそれがある
ことを否定することはできない。

　　また，被告は，本件賦課決定の無効を前提とした5万4647円の
還付金請求又は不当利得返還請求訴訟を提起する方が直截であり，
「現在の法律関係に関する訴えによって目的を達することができ
ない」場合には当たらない旨主張する。しかし，前記のとおり，
本件賦課決定に係る各年度ごとの賦課決定についてそれぞれ別紙
3「本件差押処分に係る租税関係充当一覧表」（略）の「未納
額」及び「延滞金」欄記載の徴収金が残存している以上，必ずし
も被告の主張するような請求訴訟を提起することが直截的で適切
な争訟形態とみることはできない。

(3)　したがって，本件賦課決定の無効確認を求める各訴えは，確認
の利益及び原告適格に欠けるところはなく適法である。

2　争点(2)（本件代表者指定の裁量権の逸脱・濫用）について

(1)　前記前提事実のとおり，Y1区長は，平成13年2月5日付けで，

本件不動産に係る固定資産税（土地・家屋）納税義務者の代表者
として，Aの長男であるDの二女である原告を指定していると
ころ（本件代表者指定）（前記第2の1(4)エ），これは地方税法343
条2項後段の「当該土地又は家屋を現に所有している者」として
納税義務を負う者の中から納税通知書等を送付する代表者を原告
と指定したものであり，同法9条の2第2項に基づく指定ではな
いことが認められる。

　そうすると，固定資産の所有者として登記されている個人が賦
課期日前に死亡しているときには，同日において当該土地又は家
屋を現に所有している者を固定資産税等の納税義務者とするので
あるから（同法343条2項，702条の8第1項），単独相続でない
限り，遺産分割等により所有者が確定するまでの間，当該固定資
産を相続により共有する各共同相続人は，同法10条の2第1項に
より，他の共同相続人と連帯して当該固定資産に対する固定資産
税等を納付する義務を負う。

　このような場合，地方団体の長は，共同相続人のうち一人に対
して，又は同時若しくは順次に全ての共同相続人に対して固定資
産税等の納税の告知，督促及び滞納処分（以下「納税の告知等」
という。）をすることができると解され，共有者である共同相続
人のうちのいずれの者に対して，また，いかなる順序で納税の告
知等を行うかについては，地方団体の長の裁量に委ねられている
というべきである。

(2)　本件土地の登記名義人であるAは，本件賦課決定の賦課期日
前である昭和46年2月27日に死亡し（前記第2の1(2)ア），その
後，原告が本件不動産の共有者の一人となっていた（同(1)ア）と
ころ，証拠及び弁論の全趣旨によれば，〈1〉原告はAの直系血
族たる孫であること，〈2〉本件代表者指定までに，原告の妹弟
であるH及びIが，C,D及びJ（Dの妻）の相続について放棄を
していたこと，〈3〉原告が弟のGよりも年長者であること，

〈4〉Cの存命中には，原告の父親であるDがBの相続人として代表者届に記載されていたこと（前記第2の1⑶イ）などの事情が認められる。そして，納付後に他の共有者に対して求償する際や遺産分割を行う際の便宜等を考慮すると，原告を代表者と指定したことには合理性がある。

　　他方，証拠によれば，原告は，Y1区役所に対し，平成12年4月5日付けで，代表者届を返送してその提出を断ったこと，同年11月8日付けで経済的に苦しいことを理由に代表して固定資産税等を支払うことはできない旨の手紙を送付していることが認められる。しかしながら，原告はもとより本件不動産の共有者として固定資産税等の連帯納付義務を負っていること，そして，納税者の経済状態をもって賦課決定を行わない理由にはならないことからすると，原告の主張する当時の事情を踏まえても，本件不動産の共有者である共同相続人の中から原告を代表者として指定したことが，地方団体の長に与えられた裁量権を逸脱・濫用してされたものということはできない。

(3)　したがって，本件代表者指定に，裁量権の逸脱・濫用による違法があるとはいえない。

3　争点⑶（一括課税方式の違法性）について

(1)　まず，原告は，単独所有物と共有物とは，法律上内部関係や効力が異なるものであり，これを納税通知書に明示しないことは納税義務者を混乱させる結果となるとして，本件納税通知書に共有物であることを明示しないことを違法であると主張する。

　　しかしながら，固定資産税等について，納税通知書に共有物であること又は共有物であることが判別できるような事項を記載することは，法令上義務付けられておらず，後記のとおり，納税通知書に連帯納付義務者を記載することで納税義務者の諸々の負担を軽減することは否定できないとしても，これを欠くことをもって直ちに違法であるということはできない。

(2) 次に，前記のとおり，共有者である各共同相続人は，地方税法10条の2第1項により，持分に関係なく，各自独立して共有物全体に係る固定資産税等の連帯納付義務を負うのであって，その課税処分は当該不動産の共有者の各持分に応じて又はこれに対してされるものではない。そのため，同法352条又は352条の2などの例外規定に該当する場合を除いて，共有者のそれぞれの持分に応じた課税をしないことに違法はないと解される。

したがって，本件賦課決定がいわゆる分割課税方式でなく，一括課税方式によっているとしても，違法とはいえない。

(3) さらに，原告は，原告を除く共有者に対しては納税通知書を発送することなく納税義務を実質的に免除する一方，生活に苦しむ原告に対してのみ本件賦課決定を行い，極めて不公平な賦課決定を繰り返したことが違法である旨主張する（争点(6)において主張されているが，原告の主張する一括課税方式の違法の趣旨がこのような趣旨とも思われるため，ここで判断する。）。

ア　固定資産税等の徴収は，普通徴収（地方税法1条1項7号）の方法によることとされ，納税通知書を当該納税者に交付することによってその租税債権が具体的に成立するものと解すべきである（同法364条1項，702条の8第1項，13条1項）。そして，納税通知書による納税の告知は，納税義務者に対し抽象的に発生していた租税債権を具体的に確定し，その税額について履行の請求をするという二つの性質を有しているところ，前者の租税債権の確定は，民法434条にいう「履行の請求」には含まれないから，同条を準用する余地はない。

そのため，共有土地についての固定資産税等は，納税通知書の送付によりその名宛人として送付を受けた者に対してのみ具体的な租税債権が成立し，その余の連帯納付義務者は，抽象的納税債務を負担するにとどまり，具体的納税債務を生じさせるものではないと解される。

イ　本件についてみると，Y1区長ないしX市長は，原告に対し，平成13年度分から平成22年度分までの本件不動産に係る固定資産税等について，本件賦課決定を行い，本件納税通知書を送付したことにより，原告に対して具体的納税義務を発生させたことが認められる。

　他方，証人K及び弁論の全趣旨によれば，Y1区長ないしX市長は，上記固定資産税等について，原告以外の共有者に対し，納税通知書を送付せず，具体的な租税債権を発生させていないことが認められる。

　確かに，代表者として指定され，本件賦課決定により本件納税通知書を受け取ってきた原告が，自分にしか具体的な租税債権が発生せず，他の共有者には何ら具体的な租税債権も発生していない点に不満を抱くことは十分に理解できるところである。そこで，地方団体の長は，必要に応じて，他の連帯納付義務者に対しても納税告知書を送付するなどの措置を講じることにより，このような不満の解消に努めることが望ましい場合もあり得よう。

　しかしながら，そもそも原告は，共有者として独立して共有物全体に係る固定資産税等の連帯納付義務を負っている以上，他の共有者に納税通知書が送付されていないことを理由にして，その納付義務を免れることはできない。

(4)　以上のとおりであるから，本件賦課決定が一括課税方式を採っている点に違法はない。

4　争点(4)（本件納税通知書の違法性）について

　共有物に対する固定資産税等については，共有者全員が連帯納付義務を負うので，一人が納付した場合に他の共有者への求償の便宜等のため，納税通知書に連帯納付義務者の氏名を列記し，あるいは「何某外何名」と記載することは，納税義務者にとっては有益である。

しかしながら，本件のように，登記名義人の死亡後，遺産分割が行なわれことなく長期間放置され，その間に数次の相続が生じるなど，当該固定資産の共有関係を確定することが容易でない場合，地方団体の長において，その共有者を逐一調査してこれを全て明示することは困難を強いるものである。そもそも，固定資産税等において，共有不動産に対する課税に係る納税通知書に，他の連帯納付義務者の氏名を列記し，あるいは「何某外何名」と記載すること，また，共有物に対する課税であることを明示することは，法令上義務付けられていない。そして，納税通知書に納税者の氏名の記載を求めているのは，処分の名宛人を特定するためであるから，本件納税通知書に，具体的な租税債権を発生させる名宛人として原告の氏名が記載されていれば足りる。

　したがって，本件納税通知書に，原告以外の連帯納付義務者が記載されていなくとも，本件賦課決定が違法になるものではない。

5　争点(5)（課税標準額の著しい不当性）について

(1)　固定資産税の賦課についての不服申立てにおいては，当該年度の固定資産税に係る固定資産について固定資産課税台帳に登録された価格についての不服を当該固定資産税の賦課についての不服の理由とすることができない（地方税法432条3項）。そのため，原告の本件賦課決定の無効確認の訴えにおける，本件土地の適正な時価に関する主張は，失当である。

(2)　もっとも，公務員が納税者に対する職務上の法的義務に違背して当該固定資産の価格ないし固定資産税等の税額を過大に決定した場合，これによって損害を被った当該納税者は，地方税法432条1項本文に基づく審査の申出及び同法434条1項に基づく取消訴訟等の手続を経るまでもなく，国家賠償請求を行い得るものと解するのが相当である（最高裁平成22年6月3日第一小法廷判決・民集64巻4号1010頁）。

(3)　本件についてみると，前記前提事実のとおり，本件賦課決定に

係る本件土地の価格は，別紙1「賦課決定一覧表」（略）の「本件土地の価格」欄記載の額である。

　これに対し，原告は，平成23年11月5日時点における本件不動産の価格を106万3000円であるとして，不動産鑑定士が以下の計算方法によって算出した価格調査の結果を提出している。

　　標準価格22,000円／㎡×個別格差0.25×建付減価0.77
　　　　×地積313.85㎡≒建付地価格1,329,000円
　　1,329,000円×市場性減価（1−0.2）≒1,063,000円

　しかしながら，この計算方法において個別格差が「0.25」とされているが，これを算出するにあたり個別的要因として具体的に考慮した事項が明らかでなく，更に数値化した根拠及びその内容が不明であること，また，この価格調査の基準時が本件賦課決定時ではないことなどからすると，原告主張の価格をもって直ちに適正な時価とみることはできない。

　また，仮に本件賦課決定に係る本件土地の価格が適正な時価と何らかの乖離があったとしても，市町村長は，原則として総務大臣が定める固定資産評価基準（昭和38年自治省告示第158号）によって固定資産の価格を決定しなければならない（地方税法403条1項，388条1項）ため，当該固定資産の価格がいささか過大であることをもってしても，直ちにY1区長ないしX市長が原告に対する職務上の法的義務に違背したということもできない。

(4)　したがって，この点に関する原告の主張は採用することができない。

6　争点(6)（本件差押処分の違法性）について

(1)　課税処分と滞納処分とは，前者が租税確定手続であり，後者が租税徴収手続であって，両者はそれぞれ別個の法律効果の発生を目的とする別個独立の処分であるから，課税処分の違法は，滞納処分に承継されないと解すべきである。そのため，仮に課税処分に瑕疵があったとしても，当該課税処分が当然無効であるか，権

限のある者によって取り消されない限り，滞納処分の効力に影響を及ぼすものではない。

　前記判示のとおり，本件賦課決定には無効となり得る瑕疵はなく，また，その取消しもなされていないことから，本件賦課決定の違法が本件差押処分に承継されることを前提とする原告の主張は失当である。

　また，原告は，Y1区長ないしX市長が，本件不動産に係る固定資産税等について，原告を除く共有者に対しては納税通知書を発送することなく納税義務を実質的に免除する一方，生活に苦しむ原告に対してのみ本件賦課決定を行い，極めて不公平な賦課決定を繰り返したものであることを理由に，本件差押処分の裁量権の逸脱・濫用による違法を主張するが，前記3のとおり原告に対してのみ本件賦課決定を行ったことに違法はないほか，かかる主張も，本件賦課決定の違法が本件差押処分に承継されることを主張するものであるから，本件差押処分の違法性との関係では失当である。

(2)　次に，徴税吏員が滞納処分を行うに当たって，滞納者の財産のうちのどの財産を差し押さえるかについては，徴税吏員の裁量に属するものと解されるところ，本件払戻請求権等が原告の生活資金になっているとしても，当該債権が差押禁止財産に該当しない以上，これをもって裁量権を逸脱ないし濫用したものと評価することはできず，他に本件差押処分が違法である事情は証拠上認めることができない。

(3)　したがって，この点に関する原告の主張を採用することはできない。

7　争点(7)（被告職員による徴収手続上の違法性）について

(1)　まず，原告は，本件不動産に係る固定資産税等を共有持分に応じて分離してもらいたい旨の要求をもって正当な要求であると主張するが，前記3のとおり，共有物に係る固定資産税等の課税処

分は当該不動産の共有者の各持分に応じて又はこれに対してなされるものではないから，これをもって正当な要求ということはできない。

　他方，前記2のとおり，原告は連帯納付義務を負っている以上，Bの相続人に連絡して欲しい旨の要求を聞かなかったことをもって違法であるということはできない。

　そして，被告職員が電話の応対で高圧的に脅迫するような態度を取ったり，担当が変わるたびに差押えを行う旨恫喝を行ったりするなどの嫌がらせを行った事実は証拠上認めるに足りない。

(2)　次に，前記前提事実のとおり，被告職員Eは，平成12年12月頃，S市役所から原告の地方税申告書を取寄せた上，原告に対し，営業経費の各支出項目について，具体的な使途を逐一尋ねたことが認められる（前記第2の1(4)ウ）。

　しかしながら，事業収入のある納税義務者に対して経費支出の内訳を尋ねることは，官公署等への協力要請について定める地方税法20条の11，固定資産税の賦課徴収に関する調査について定める同法353条及び固定資産税の滞納処分に関する調査については同法373条7項によりその例によるものとされる国税徴収法141条に基づき，その必要と認められる範囲で許されるというべきである。

　本件において，被告職員Eによる質問において，必要と認められる範囲を超えたことは証拠上認めることができず，また，原告が拒絶しているにもかかわらず質問をしたなどの事情も証拠上認めるに足りない。

　したがって，被告職員Eによる上記調査が違法であるということはできない。

(3)　以上のとおりであるから，被告職員による徴収手続において，国家賠償法上の損害賠償請求権を生じさせる違法な点があると認めることはできない。

8　争点(8)（損害額）について

　前記判示のとおり，本件賦課決定，本件差押処分及び被告職員に
よる職務執行にいずれも違法な点は認められず，その他被告が原告
に対して違法な行為をしたことは証拠上認めることができないから，
原告の主張は採用できない。

第4　結論

　以上の次第で，その余の点について判断するまでもなく，原告の
請求にはいずれも理由がないから，これを棄却することとし，主文
のとおり判決する。

各国の相続法制に関する調査研究業務報告書（抄）

（平成26年10月　公益社団法人商事法務研究会，法務省委託研究）
第5部　韓国法（一部抜粋）

（淑明女子大学法科大学法学部　郭　珉希助教授）

序言

（略）

第1章　相続

① 相続の意義

1　相続の開始原因

　韓国民法997条（相続開始の原因）相続は死亡によって開始する。

　韓国民法は財産相続の開始原因として死亡のみを規定している。相続開始の時期は相続人の資格・範囲・順位・能力を決する基準時になるのみならず，相続に関する権利の除斥期間や消滅時効の起算点にもなる。また，相続の効力発生，相続財産あるいは遺留分算定の基準として重要な意味を持っている。ここでの死亡には失踪宣告，認定死亡，不在宣告が含まれる。それぞれ失踪宣告の場合には失踪期間満了時，不在宣告の場合には不在宣告の審判の確定時に死亡したことになる。また，認定死亡は家族関係登録簿に死亡と記載されることによって死亡が推定されるが，この場合，家族関係登録簿に記載された死亡の日時に相続が開始されると解される。他方，韓国民法30条によって同時死亡と推定される者の間には相続が開始されないとする。

2　相続開始の場所と費用

　韓国民法998条（相続開始の場所）相続は被相続人の住所において開始する。

　998条の2（相続費用）相続に関する費用は相続財産の中から支弁する。

韓国民法は相続開始の場所についても被相続人の住所において開始すると定めている。相続費用には租税，あらゆる公課，管理費用，相続財産の管理のための訴訟費用が含まれる。葬式費用は直接には相続に関する費用ではないが，被相続人のための費用であるとして相続費用と解される。

② 相続人

相続人とは被相続人の相続財産を包括的に承継する資格を有する者である。この相続人となる一般的な資格を相続能力という。権利能力のある自然人なら国籍を問わず相続能力を持つが，法人には相続能力が認められない。相続法は相続人の種類と順位を画一的に法定しており，被相続人は原則として，法律の定める相続人の種類や順位を変えることはできない。韓国は近代相続法の歴史がそれほど長くないし，国民の意識においても遺言が普遍のことではない。したがって，ドイツのように被相続人が遺言で優先的に相続人を定めたり，排除したりすることはできない。このように，韓国は遺言で相続人を指定することができないから，遺言相続を認めていないと評価する見解もあるが，民法では，直接相続人指定に関する規定を設けているわけではないが，遺言の自由を認め被相続人が遺言で財産を自由に処分することができるので，韓国においても法定相続と遺言相続とが両方とも認められているといわれるのが一般である。韓国相続法が定める相続人は血族相続人と配偶者があり，相続におけるその順位は次のようである。

1 相続の順位

(1) 血族相続人

韓国民法1000条（相続の順位）①相続においては次に掲げる順位に従って相続人となる。

1．被相続人の直系卑属

2．被相続人の直系尊属

3．被相続人の兄弟姉妹

４．被相続人の４寸以内の傍系血族

②前項の場合に同順位の相続人が数人であるときは最近親を先順位
　とし，同親などの相続人が数人であるときは共同相続人となる。

③胎児は相続については既に生まれたものとみなす。

　血族相続人には1000条による順位があり，先順位の血族相続人が
あれば後順位の血族相続人は相続できない。まず，第１順位の血族
相続人は被相続人の直系卑属である（1000条１項１号）。直系卑属
には被相続人の子であれば性別，年齢，国籍，長男・次男，既婚・
未婚などは問わない。さらに嫡出子であるか非嫡出子であるかも問
わず，同じ順位で相続権を持ち，相続分にも変わりはない。養子の
場合には親養子でない限り養親を相続するともに実親をも相続する。
親養子の場合には実親との親族関係が終了するため養親のみを相続
する。寸数が同じ場合には同順位で共同相続人となる。被相続人の
子（先順位の直系卑属）が相続開始以前に全部死亡したとき，被相
続人の孫子女が代襲相続するのかそれとも本位相続するのかについ
ては韓国民法には明示的な規定がないため，学説上の争いがある。
判例は「被相続人の子が相続開始以前に全部死亡した場合，被相続
人の孫子女は本位相続ではなく代襲相続する」として代襲相続説を
支持している。それによると孫は親の代わりに相続するため親の相
続分のみを相続し，先順位直系卑属の配偶者も相続できる。胎児の
場合には1000条３項によって相続能力が認められる。次に第２順位
の血族相続人は直系尊属である（1000条１項２号）。直系尊属なら
ば父系であるか母系であるかは問わない。離婚した父母も相続権が
認められる。寸数が異なる場合には最近親が優勢し，同順位の相続
人が多数であるときは共同相続人になる。未婚の孫が死亡した場合，
相続開始以前にその父母が既に死亡し先順位の直系尊属がいないと
き，祖父母が相続する場合がある。そのとき，祖父母は代襲相続人
となるか，本位相続人となるかについても争いがある。これについ
ては，代襲相続に関する韓国民法1001条が直系尊属には代襲相続権

を認めていないため，祖父母の相続は代襲相続ではなく本人相続で
しか解されないとされる。つまり，先順位の直系尊属がみんな死亡
した場合，次順位直系尊属が本位相続する。例えば，未婚の孫が死
亡したが，その孫にとって父系には祖父のみ生存しており，母系に
は祖父と祖母ともに生存しているとき，人はそれぞれ３分の１の割
合で孫（被相続人）から本位相続する。第３順位の血族相続人は兄
弟姉妹である（1000条１項３号）。韓国民法は親族の範囲において
父系と母系との差別を削除し，相続の順位や相続分に関しても男女
あるいは父系・母系の差別を削除したことに照らして，1000条１項
３号の「被相続人の兄弟姉妹」とは父系か母系かを問わないと解す
べきであるとしている。さらに，判例は異姓同腹の兄弟姉妹（半血
の兄弟姉妹）もこの規定による相続人であると判示した。第４順位
の血族相続人として４寸以内の傍系血族も相続人となるが（1000条
１項４号），彼らには遺留分権は認められない（1112条）。いずれも，
先順位の相続人があるときは，後順位相続人は相続できないのは先
述した。

(2)　配偶者

　韓国民法1003条（配偶者の相続順位）①被相続人の配偶者は第1000
条第１項第１号と第２号の規定による相続人がある場合にはその相
続人と同順位で共同相続人となり，その相続人がいないときには単
独相続人となる。

　②第1001条の場合に相続開始以前に死亡又は欠格した者の配偶者
は同条の規定による相続人と同順位で共同相続人となり，その相続
人がいないときには単独相続人となる。韓国民法1009条（法定相続
分）②被相続人の配偶者の相続分は直系卑属と共同で相続するとき
は直系卑属の相続分の５割を加算し，直系尊属と共同で相続すると
きは直系尊属の相続分の５割を加算する。

　韓国法において被相続人の配偶者は常に相続人となる。配偶者の
相続順位は被相続人の直系卑属と同順位で共同相続人となり，その

直系卑属がいないときは被相続人の直系尊属と同順位で共同相続人となる。被相続人の直系卑属と直系尊属ともにいないときには，被相続人の兄弟姉妹と共同相続することなく，被相続人の配偶者が単独相続人となる。配偶者の相続分は直系卑属と直系尊属と共同で相続するときは5割加算する（韓国民法1009条3項）。韓国において配偶者の相続法上の地位に関しては最近，多様な観点から生存配偶者の相続法上の地位を強化しようとの傾向があり議論が盛んになっている。この問題はそもそも相続の趣旨及び相続法の存在意義，夫婦財産制度のあり方との関係や平均寿命の増加のような社会現状の変化など，様々な論点と絡んでいる重要な問題であるのでまとめて議論することにしたい。

2 代襲相続

韓国民法1001条（代襲相続）前条第1項と第3項の規定により相続人となるべき直系卑属あるいは兄弟姉妹が相続開始以前に死亡したとき，又は欠格者となったとき，その者の直系卑属がある場合にはその直系卑属が死亡又は欠格した者の順位に代わって相続人となる。

韓国民法1003条（配偶者の相続順位）②第1001条の場合に相続開始以前に死亡又は欠格した者の配偶者は同条の規定による相続人と同順位で共同相続人となり，その相続人がいないときには単独相続人となる。

韓国法において代襲相続とは，相続にとなる被相続人の直系卑属又は兄弟姉妹が相続開始以前に死亡・欠格した場合，その者の直系卑属や配偶者が死亡・欠格した者の順位に代わって相続人となることをいう。代襲相続は，代襲者固有の権利として直接被相続人から相続することであるとされる。被代襲者は相続人となるべき被相続人の直系卑属あるいは兄弟姉妹である。したがって規定上，相続人になるべき被相続人の配偶者を被代襲者とする代襲相続は認められない。例えば，被代襲者の配偶者が代襲相続の相続開始以前に死亡

又は欠格者になった場合，その配偶者に改めて被代襲者としての地位を与えることはできない。韓国民法が定める代襲原因は相続開始以前の死亡と相続欠格のみであり，相続放棄は代襲相続にならない。例えば，第1順位の相続権のある直系卑属と配偶者がみんな相続権を放棄した場合には孫が被相続人の直系卑属として相続人（本位相続）となる。被代襲者の直系卑属又は配偶者は代襲相続人となる。胎児は相続順位については既に生まれたものとみなすので，被代襲者の死亡・欠格当時の胎児のみならず，相続欠格後相続開始当時に胞胎の胎児も代襲相続できる。代襲相続人となる配偶者は法律上配偶者でなければならない。但し，被代襲者の死亡後再婚した配偶者は，再婚によって姻戚関係が消滅するため，代襲相続権を失う（登記例規694条）。代襲相続人に改めて代襲原因が生じた場合，代襲相続人の直系卑属は再代襲相続人となるが，前述したように被代襲者の配偶者は代襲原因が生じたとしても再代襲相続人とはならないと解するのが判例である。

3　相続欠格

韓国民法1004条（相続欠格事由）次に掲げる者は相続人となることができない。

1．故意に直系尊属，被相続人，その配偶者又は相続の先順位若しくは同順位にある者を殺害又は殺害しようとした者

2．故意に直系尊属，被相続人とその配偶者を傷害し死亡するに至らせた者

3．詐欺又は強迫によって被相続人の相続に関する遺言し又は遺言の撤回することを妨げた者

4．詐欺又は強迫によって被相続人に相続に関する遺言をさせた者

5．被相続人の相続に関する遺言書を偽造・変造・破棄又は隠匿した者

　相続欠格とは相続人に一定な法定事由が生じた場合，特別に裁判上の宣言を待たず，法律上，当然にその相続人の資格を剥奪するこ

とである。韓国民法1004条は五つの事由を定めている。とくに，1004条１号においては，財産相続の先順位あるいは同順位の胎児を殺害したことも相続欠格に当たる。しかし殺害の故意以外に相続に有利だろうとの認識は要しないとするのが判例である。相続欠格事由に当たる場合には法律上当然相続人としての資格を失うのであり特別な手続きは要らない。相続開始以後に欠格事由が生じた場合であっても欠格の効果は相続開始時に遡及する。相続欠格者は同時に受贈欠格者であるため遺贈も受け取れないが，被相続人が生前贈与することは妨げない。相続欠格制度は被相続人の意思とは無関係で法律上当然生ずる効果であり，韓国法においては被相続人の意思に基づき法定相続人の資格を剥奪できるような制度はない。

（以下　略）

　　※本稿に係る脚注は編者において省略した。

　　※本報告書の全文は，https：//www.moj.go.jp/MINJI/minji07_00163.html を参照されたい。

＜参考資料＞

・固定資産税研究会編『令和3年度版　要説固定資産税』（ぎょうせい）

・固定資産税務研究会『固定資産税逐条解説』（地方財務協会）

・『地方税質疑応答』（地方財務協会）

・松嶋隆弘編著外『民法・不動産登記法改正で変わる相続実務』（ぎょうせい）

・溜池良夫『国際私法講義』（第3版，有斐閣）

・徳重覚「特集所有者不明土地等ガイドラインの解説」（月刊『税』2020年11月）

・徳重覚「地方税法第343条第5項の規定の適用に係る留意事項について（ガイドライン）」（月刊『地方税』2020年9月号）

・「所有者の実態が不明な土地・家屋に係る固定資産税における課題～中間とりまとめ」（一般財団法人資産評価システム研究センター・2019年11月）

・『地方税における資産課税のあり方に関する調査研究－所有者の実態が不明な土地・家屋に係る固定資産税における現状と課題』（一般財団法人資産評価システム研究センター・2020年3月）

・「変則型登記の解消に向けた法律上の措置に関する担当者骨子案の補足説明」（法務省民事局民事第二課・2019年1月）

・『各国の相続法制に関する調査研究業務報告書』（（公財）商事法務研究会・2014年10月）

・『所有者の所在の把握が難しい土地に関する探索・利活用のためのガイドライン（第3版）』（国土交通省・所有者の所在の把握が難しい土地への対応方策に関する検討会・2019年12月）

これで解決！
所有者不明土地の固定資産税実務 Q&A

令和 3 年12月13日　第 1 刷発行

編 著 者　地方税制実務検討グループ

発　　行　株式会社ぎょうせい

〒136-8575　東京都江東区新木場 1 -18-11
URL：https://gyosei.jp

フリーコール　0120-953-431

ぎょうせい　お問い合わせ 検索 https://gyosei.jp/inquiry/

〈検印省略〉

印刷　ぎょうせいデジタル株式会社　　　　　　　　　Ⓒ2021　Printed in Japan
＊乱丁本・落丁本はお取替えいたします。

ISBN978-4-324-11089-8
（5108773-00-000）
〔略号：不明土地固定〕

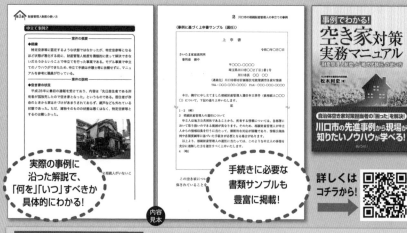